リーマン・ショック 10年目の衝撃

史上空前の金融危機の全容と現在

米倉茂
yonekura shigeru

言視舎

目次

【はじめに】

あれからあっという間に10年がたちました。リーマン危機のことです。それにちなみ、今年度に〝リーマン・ショック10年〟のタイトルで、いろいろ特集が出ました。しかしリーマン危機の本質をコンパクトにわかりやすく伝えてくれる文献、報道があったでしょうか？　あるいは、たった一つの投資銀行が潰れただけで世界経済に激震が走ったわけをわかりやすく解説してくれる報道があったでしょうか？

10年前の遠いおぼろげな記憶を手繰り寄せるだけで、肝心のリーマン危機の原因の内奥に迫ることもなく、ただドキュメンタリー風に、誰が何した、何を言ったという話の羅列がほとんどではないでしょうか？　時系列的に多くの事実を細切れに並べられただけであれば、団子のようにぐちゃぐちゃに固まったソースの効かないスパゲッティーを差し出されたようなものです。ほぐさなければとても食べられません。史上最大の世界金融危機に関心のある読者も消化不良になるでしょう。これでは史上空前のリーマン危機は真相が不明のまま、歴史の海に漂い沈んでしまいかねません。

たしかにこの金融危機の全体像を把握するのは並大抵のことではありません。それはボルカー元Ｆｅｄ議長にとっても同じです。１９８０年代前半の米国の悪性インフレを退治した実績や、リーマン危機後に「ボルカー・ルール」なる金融危機防止策を考案したことで有名な、この人にとっても、この金融危機は「自分が今までに経験した金融恐慌の中で一番、複雑に入り交じり合ったもの」〈Bernanke ②〉247）です。１９８２年の途上国債務危機、１９８４年の米国最大の銀行倒産（コンチネンタル・イリノイ銀行）を知っているボルカーでさえも、「複雑に入り交じり合ったもの」なのです。

ではなぜ、「一番、複雑に入り交じり合ったもの」なのでしょうか？　これを明らかにすれば、リーマン危機の原因、帰結の全体像も一覧的につかめるはずです。そうすれば、本書の『リーマン・ショック10年目の衝撃　史上空前の金融危機の全容と現在』のタイトルも内容を裏切らないですむはずです。

では**この危機の特徴**は何でしょう？　ずばり言いましょう。三点あります。第一は、**ステルス型の取り付け**（run）です。危なくなった銀行から預金を引き出そうと人々が殺到する従来型の取り付けと違い、オンラインや影の銀行（shadow banking）の見えざる舞台で繰り広げられた取り付けです。この新型の取り付けこそが、２００７‐08年の世界金融危機の全体像を一括りにして理解できる有効なタームなのです。

次に第二点は信用の３Cです。かつて１９６０年代、三種の神器をもじった３C（クルマ、カラーテレビ、クーラー）が流行りましたが、21世紀の３Cはこれと逆に神器が凶器に変貌します。信用の３Cが凶器に変貌する経緯をたどれば、恐慌の発現の経緯がすっきりイメージできるのです。この**３C**とは、**つながっていること**（connectedness）、**汚染**（contagion）、**相関性**（correlation）で構成されています。一見、とっつきにくい概念のようですが、「一番、複雑に入り交じり合った」リーマン恐慌も21世紀版３Cのフィルターにかければ、スケルトンが見えるのです。

筆者の好きな画家カンディンスキーの「線は動く点の軌跡」なる創作論にならえば、リスクの

図１　取り付けが信用の３Ｃの凶器を伴い金融システム中枢に波及する流れ

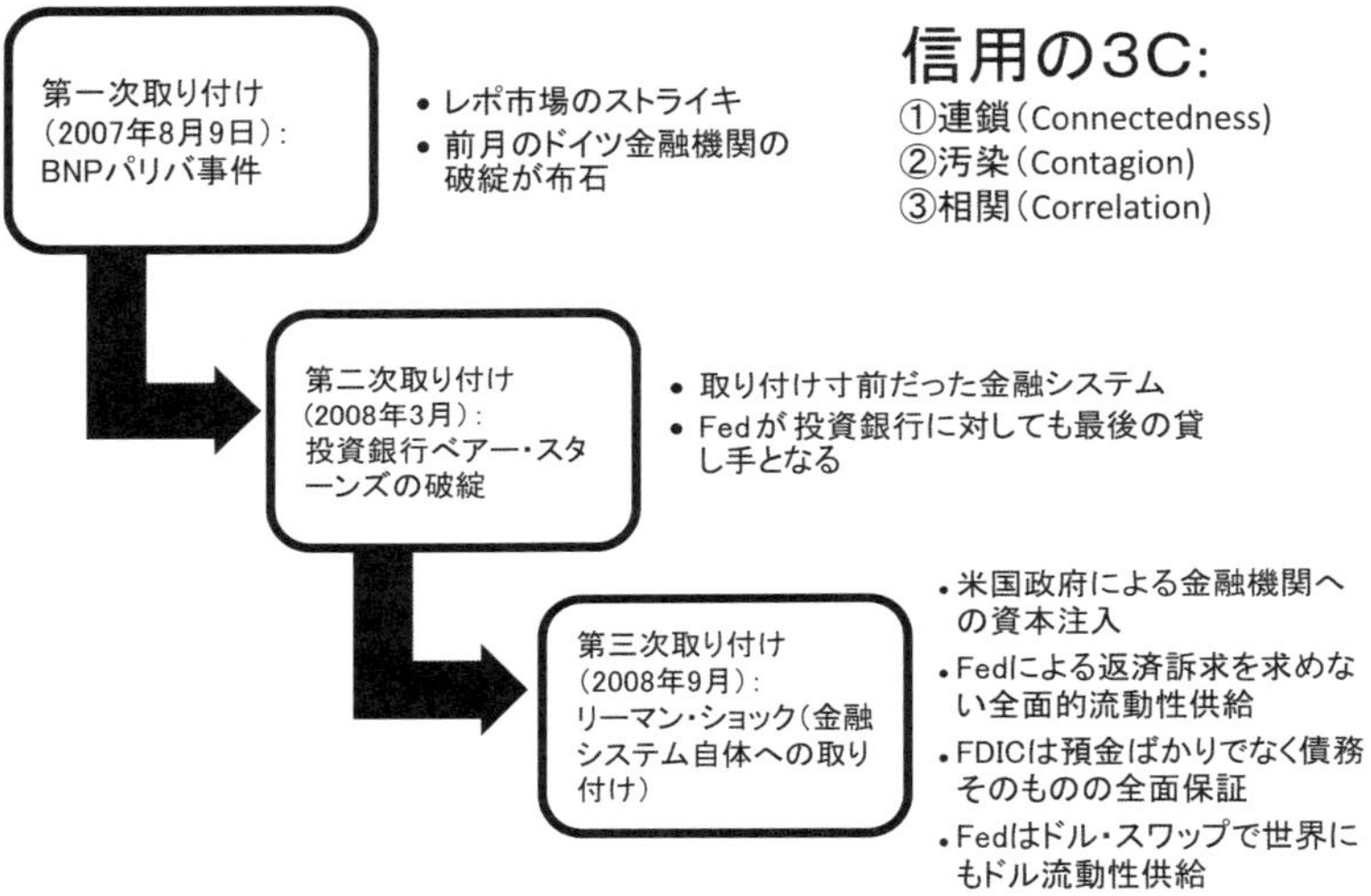

第一次取り付け（2007年8月9日）：BNPパリバ事件
・レポ市場のストライキ
・前月のドイツ金融機関の破綻が布石
信用の3C:
①連鎖（Connectedness）
②汚染（Contagion）
③相関（Correlation）
第二次取り付け（2008年3月）：投資銀行ベアー・スターンズの破綻
・取り付け寸前だった金融システム
・Fedが投資銀行に対しても最後の貸し手となる
第三次取り付け（2008年9月）：リーマン・ショック（金融システム自体への取り付け）
・米国政府による金融機関への資本注入
・Fedによる返済訴求を求めない全面的流動性供給
・FDICは預金ばかりでなく債務そのものの全面保証
・Fedはドル・スワップで世界にもドル流動性供給

連鎖は動くリスクの点の繋がりからなるリスクの線の軌跡ということになります。そしてこのリスクの線が複線化し交錯すれば面ができます。これで点のリスクは線へ、そして面のリスク、すなわち**システミック・リスク**になります。

２００７-08年の金融危機の刻々変化する対象でも瞬間、瞬間を切り取り、つなぎ合わせ、それを取り付けと信用の３Ｃのタームで括る工夫をすれば、「複雑に入り交じり合った」**危機の全体像**もそれなりに再現できるはずです。この二つのタームを活用すれば、個々の金融機関の危機が連鎖的に他の金融機関を巻き込み、最終的には金融システム全体がシステミック・リスクにさらされ、支払い不能に陥る過程もコンパクトに再現できるのです。

最後の第三点の特徴は**危機対策におけ**

る政府と中央銀行の一体性がいよいよ本格化したことです。この一体化するわけを提示することも、「複雑に入り交じり合った」リーマン恐慌の真相の深掘りにつながるはずです。

ステルス型の取り付けとか信用の3Cの凶器の絡みなど、金融危機が従来の金融危機とは大きく異なる展開となり、これに対して政府と中央銀行の対策も異次元の段階に突入したのです。これをもっとわかりやすくいえば、政府と中央銀行の危機対策は何でもありになったことです。その何でもありの事例は本論で列挙しますが、現在もその負の遺産は秋吉台の鍾乳洞の黄金柱のように不気味に突っ立っています。

それは**世界的な大規模金融緩和の後遺症**のことです。日本ではアベノミクスの異次元の金融緩和と呼ばれています。しかしこの金融緩和は、日本のそれを筆頭に深刻な超異次元性を秘めています。本書はそれを超異次元緩和と呼んでいます。

さて、少々長めになりましたが、【はじめに】の最後に、本書の課題を提示します。リーマン危機の三点の特徴（取り付け、信用の3C、政府と中央銀行の一体化）の説明を軸にして、危機の拡がる一帯一路をたどり、危機の真相を深掘りします。

●従来と異なり銀行システム全体が取り付けにあう

ここで便宜上、【はじめに】において、本書の主題を要約、提示しておきます。本書が着目する種の取り付けは、これまで一般の人々が想定、経験してきた取り付けとは大きく異なることです。ふつう、取り付けと言えば、経営危機に陥った銀行に顧客が預金を引き出そうと銀行の窓口に殺到して長蛇の列ができ、カウンターを挟んで顧客と行員がもみ合い、また銀行の外では預金引き出しの順番をめぐり顧客同士が争う光景がイメージされます。伝統的な取り付けの場合、返済支払い・受け取りの決済業務を担う商業銀行（預金銀行）から預金引き出しに人々が殺到するシーンが一般的なのです。

これに対し、本書で取り上げる取り付けは、これまでのおなじみの光景とは大きく異なります。今回取り上げる取り付けは、投資銀行が組成するサブプライムローン証券化商品の取引に関わる金融機関（投資銀行、ヘッジファンド、保険会社、MMF、そして商業銀行）に起きたものです。従来おなじみだった伝統的な取り付けと違い、預金引き出しへの殺到は特にありません。起こるのは、やや専門的になりますが、**レポ取引**（証券担保によるお金の貸し借り：買戻し条件付き証券売り）での取り付けです（便宜上、レポ取り付けと呼ぶ）。しかもレポ取引には商業銀行が深く関わっているのです。

さらに本論の主要論点の先取り的な解題になりますが、本書が取りあげるレポ取引とはサブプライム関連証券を担保として資金を調達することです。普通国債などを担保とした証券担保貸付は担保の価値が信頼が高いので、円滑な取引が行なわれます。しかし今回取り上げるレポ取引の担保となっている債券は、かのおなじみのサブプライムローンが元になっている証券化商品です。だからサブプライム危機が発生すると担保価値は急落します。しかも国債や一流会社の株や債券と異なり、確実に値のつく大きな流通市場はありません。危機が起こると、貸し手は担保価値の下落を恐れて担保評価を下げたり（ヘアカットといいます）、金利を上げたり、最後には資金を引き揚げます。担保の流動性も急落するからです。さらに驚くべきはこのレポ取引の大半は一夜で返済を求められる超短期の資金に依存していたのです。担保価値も怪しい、しかも借りた金はすぐに引き揚げられる。二重の意味で危ない取引でした。

しかもこのレポ取引の資金の取り手（投資銀行）の相手には、商業銀行やMMFなどの別の有力金融機関も含まれます。だから投資銀行がレポ取引で取り付けにあうと銀行システムの決済の中枢を担う商業銀行もただではすまなくなる。レポ取引の対象の資産価格の下落は金融界全体が保有する資産の価格にも及ぶので、銀行システム全体も取り付けにあうのです。この経緯を伝えるのに便利なタームが信用の3Cなのです。しかもその取り付けは預金保険の対象外の大口の資金をめぐるものです。預金保険が効かない資金なので、勢い引き出しも一挙に起こります。だから、最終的にはアメリカの銀行システム自体が取り付けにあったのです。別の言い方をすれば、米国の銀行システムが大なり小なりリーマンのような状況であり、いつでも取り付けにあってもおかしくない状況でした。

いわばレポ取引を通じ投資銀行が金融システムを内奥から破壊し、大恐慌以来初めて、米国銀行業は実質支払い不能となる事態が起きたのです。

この取り付けは伝染病のように拡大し、銀行システム中枢にも及びました（信用の3C）。本書はその感染経路を取り付けと信用の3Cのタームでも説明していきます。

●銀行危機が国家債務危機に直結

このように取り付けは従来の伝統的な取り付けとは大きく異なります。この種の取り付けはリーマンだけにとどまりません。投資銀行、商業銀行、そしてノンバンク、MMF、そしてアメリカの金融システム自体にも及びます。これを放っておくと世界の金融システムが底抜けしてしまいかねない、実に恐ろしい事態がくり広げられたのです。

実際、**国家も取り付けにあいます**。リーマン危機の2年後に起こる**ユーロ・ソブリン危機**です。これは世界的金融危機で破綻した自国の金融機関を救済しようとした政府自身がその救済の負担に耐えられず、自国の国債が暴落し、国債も発行できなくなる状況が出現したのです。銀行危機が国家債務危機に直結した現象です。

ですから政府・中央銀行の金融危機対策も、従来の手法では済まされない大規模なものとなります。既存の預金保険や金融規制では史上空前の取り付けパニックは解消できなかったのです。**今日なお続いている、世界先進国の量的緩和策もリーマン・ショックへの対応の流れから派生、拡大してきたもの**なのです。

本書では、取り付けを縦糸、信用の3Cの神器を横糸にしながら、危機の本質を括り出すのです。括り出しができれば、危機の発現、広がり、収束の経緯も単刀直入に伝えられるはずです。団子になったスパゲッティーの麺もほぐれ、フォークも刺しやすく食べやすくなるという話です。ほぐされたスパゲッティーの主食後のデザートは**アベノミクスの問題点の解題**です。

このように取り付けと信用の3Cのタームでリーマン恐慌、ユーロ・ソブリン危機を説明すれば一般の人々も危機の中身も飲み込みやすくなるはずです。実際、リーマン危機の前奏となっていたBNPパリバ騒動（2007年8月9日）、08年3月のベアー・スターンズの破綻・救済（2008年3月）も、取り付けのタームで説明するとわかりやすいはずです。これを金融危機の広がり、深まりの一帯一路の旅のナビゲーターとして活用するのです。

なお、本書はリーマン危機の全貌をコンパクトに提示することを主要な課題にしており、文献、資料もそれなりに渉猟しております。特に必須の資料は〈FCIC〉です。この米国議会報告書（電子版）は金融危機の原因を1年以上も調査し、公開ヒアリングを19日開き、７００人以上もの証人にインタビューし、調べた文書は何百万ページ以上に及びます。またリーマンの破綻の経緯をたどった報告書〈valkas〉も欠かせません。さらにまた金融危機の対策に当たった政府、中央銀行の人々の回顧録も公刊されているものは全て読んでおります。日本では以上の文献、資料を系統的に渉猟して解題した文献は多くないはずです。

【はじめに】の冒頭で、リーマン・ショックに関する日本における既存の報道、文献に関し、辛口のコメントをしましたが、実はこれは自戒の念を込めた話でもあります。筆者は10年前、リーマン危機の特質を明らかにしようと著書（〈米倉②〉）を出版しましたが、当時はリーマン・ショックの大爆発の余燼の舞う、視界があまり広がらない中での執筆でした。しかし10年たてば余燼は消え去っており、グラウンド・ゼロの視界も広がります。またその10年の間に多くの調査報告や研究書が出され、新たな事実や視点が提示されてきました。したがって、これまでの10年間の経緯や研究、資料の分析を重ね合わせれば、これまで見落とされたり、軽視されてきた新たな重要な事象も掘り起こせるはずです。こうすれば、本書のタイトルの通り、リーマン・ショックの全容を深掘できると考えるに至った次第です。

前編

新型の取り付けの発生——ステルス型の取り付けの特質

第1章　2007年8月のBNPパリバ・ショックはなぜショック？

第1節　核心が語られなかったBNPパリバ事件報道

２００７年8月9日に起きたＢＮＰパリバ事件は２００７‐08年の世界金融危機の出発点として語られる報道、解説が多いようです。しかし、その解説の味付けはいささかスパイスが欠けているようです。ここではその問題点を二つあげておきます。**報道の内容が不正確だったこと**。次に〝ショック〟を語る場合に取り付け（具体的にはレポ取引）とドル不足が起きたことに着目しなかったことです（詳しくは〈米倉①〉75-80）。

ここで当時の報道を確認しておきます。その多くは、ＢＮＰパリバのファンドが支払い凍結したことを即支払い不能と報道、解説し、さらにはパリバ本体が支払い停止したという話に膨らみました。実際は傘下のファンドが支払いを一時凍結しただけのことです。パリバ本体が支払い停止したわけではない。後に市場が落ち着けば支払い再開に応じています。報道は後の支払い再開の話はほとんどしていません。

このように支払い停止の報道・解説は不正確なものが多かったのですが、２００７年8月9日当日のロイター報道は真相をきちんと伝えています。これによれば、フランスの大手銀行ＢＮＰ

パリバは、計16億ユーロ（22億ドル）相当の3つのファンドについて、米サブプライムローン市場の混乱を理由に価格算出、募集、解約・返金の業務を一時停止したわけを、「米国の証券化市場の一部で流動性が完全に消失したため、質や信用格付けにかかわらず、一部資産の価格の算出が不可能になった」からとしています。件のローンの滞納率が複雑に組成されている関連証券にどのようにリスクが入っているのか不明だからです。いくつものトランシュ（階層）に分割され幾重にも証券化された、複雑きわまりない仕組みのCDO（第2章第3節で改めて解題）には価値を算出できる情報が欠如していたのです。だから市場の混乱がおさまるまでBNPパリバは傘下のファンドの償還を一時停止したのです。これは投資家の利益を守るためです。この3つのファンドの価値は7月27日時点で20億7500万ユーロだったのが、8月7日の時点で15億9300万ユーロに下落しており、このような時に償還すれば投資家は大損します。BNPパリバは、市場の流動性が回復し次第、価格算出を再開する方針であり、実際、流動性が回復すると償還に応じています。

このように、**パリバ・ショック**の「ショック」とは支払い不能の件ではなく、**証券化商品に「公正な価格」が見つからなくなる恐怖のこと**であり、このためにプロの金融機関の間で取り付けが起きたことなのです（具体的にはレポ取引）。また**市場でドルが調達できなくなった**ことです。当時ニューヨーク連銀総裁だったガイトナーによれば、資産価値が評価できないことのほうが、資産価値が20～30％下がるよりもはるかに深刻なことなのです（〈FCIC〉250-1）。

特に損失は金融機関のオフバランスに集中しており、損失の所在が不明になれば、投資家はさらに大きな損失を被る恐怖に駆られ、パニックがパニックを呼ぶのです。換金できにくいまま損失が膨張する恐れがあれば、絶対急いで売ろうとします。当然、価格は急落します。値が付かなくなるかもしれません。時価会計システムをとる銀行はオフバランスの分を自身のバランスシートへ計上するので、銀行自体が信用を喪失し、資金調達ができなくなります。しかも銀行はオフバランス機関からのコミットメントライン（緊急資金供給枠）への要求が高まることに備えて、手元に現金を退蔵します。これで銀行間市場（インターバンク市場）の貸し借りが逼迫します。だから市場でドルが調達できなくなったのです。8月9日の騒動の日、オーバーナイトのA-1格付けのABCPの金利は5・39％から5・75％へと2001年1月以来最高の水準となり、8月10日には6・14％に達しました〈〈FCIC〉251〉これがBNPパリバ・ショックの〝ショック〟の内実です。取り付けが起きたから〝ショック〟であり、償還停止の話ではないのです。

証券化商品の価格の付け方が不明となり、レポ担保と銀行の支払い能力が懸念されることになったのです。これで最初にレポ取り付けが起こり、借り手がどんなに高い金利やヘアカット（担保の掛け目）を出しても貸し手が応じようとしなくなったのです。それまで過小な資本で過大なレバレッジにおいて高格付けの扱いだった担保が急激に格下げされ、ヘアカットも増大したのです。証券化商品の価格が付かない状態では、レポ市場におけるカウンターパーティが負うサブプライムリスクの在り処と規模は知りようもありません。これによる不確実性がレポのヘアカットの増大、あるいはインターバンク市場の逼迫につながったのです〈〈Geithner〉176-7〈Gordon&Metrick〉21-3〈岩田〉79,80〉。

この〝ショック〟が投資銀行への不信をいよいよ強めてしまいます。過大なレバレッジで資産運用する投資銀行というブローカー・ディーラーが一体、流動性を確保し続けられるのかどうか、要するに資金繰りがつくのかという不安が市場に蔓延したのです。サブプライム関連や高利回り商品への投資が減少した結果、市場は縮小し、資産評価に関する不確実性のため多くの金融機関は公正な市場価格を見出せず投資をたたんだり整理したりすることもできなくなっていたのです〈S&Pの2007年11月のレポート．〈Valukas〉1652より〉。レポ取引における短期運用を支える資金は逃げ足が速い。その資金調達の担保となる資産もサブプライム関連証券のため、緊張時には一挙に値が付かなくなり担保にもなれない。さらには運用対象の長期資産も金融逼迫の中では換金が困難になるのです。

第2節　BNPパリバ事件の前奏——フレンチ・カンカン騒動の前にはローレライの怪しいささやき

フランスの大銀行BNPパリバ傘下のファンドの償還停止自体はそれほど大したことではなかった。しかし、この事件がきっかけで、レポ市場に取り付けが起こり、銀行間市場が凍結し、欧州銀行の資金調達不安の問題が急浮上したというのが〝ショック〟の実態です。資金の自力調達が困難になる銀行が出てきたという噂が拡がったのです。ではなぜこのような噂が拡がったのでしょう?

実はすでに前月の7月、サブプライム証券投資に絡みドイツの地方の金融機関が支払い不能になり、他の銀行に救済された事件があったのです〈〈米倉②〉51-5〉。そこに8月にBNPパリバのファンドの問題が重なり、いよいよ大手の銀行も危ないという話に発展してしまったのです。

しかもこのドイツの金融騒動の背後には米国のサブプライム問題が控えていました。米国の金融機関もサブプライム問題で大きな損失を受けますが、欧州の中でこのアメリカの惨事に最初に巻き込まれたのがドイツであり、次にフランスだったのです。したがってこのようなドイツ、アメリカの動向を踏まえた分析でないとBNPパリバ問題の真相はつかめないのです。

そしてその真相は、**金融機関への取り付け**です。ただこれまで歴史的に見られた一般の取り付けとは異なります。顧客が預金を引き出すために問題の銀行の窓口に殺到し、長蛇の列ができるという光景とは大きく異なります。プロの金融業者同士の間の取り付け騒ぎなので、銀行の窓口で先を争う顧客の喧嘩などは起きません。オンライン上の騒動です。だから本書は**ステルス型取り付け**と定義しています。

ここでは、サブプライム問題の最初の爆発地点のドイツを少し詳しく見ておきます。その主役はドイツの中堅銀行ＩＫＢ（ドイツ産業銀行）です。同行は１９２４年の設立以来、中規模のドイツの企業への貸し出しに注力していましたが、統一通貨ユーロ誕生に伴う金融融緩和が広がる中、低くなった利回りを埋めるのに躍起になります。統一通貨の誕生により、本来低い利回りの経済強国と利回りの高いユーロ圏周縁諸国の国債の利回り格差が大きく縮小します。薄くなる利ざやに苦悩する金融機関は、ユーロ圏内でできる限り高い利回りを求めるためユーロ周縁諸国の国債を買い増します。しかしこれでも利ざやは縮小します。そこで高利回り低リスクが売り物となって当時一世を風靡したサブプライム証券の投資にも積極的になります。**利回り低下に苦しむ欧州の金融機関はユーロ圏周縁国の国債投資とサブプライム証券投資というい わば、「双子の錬金術」に没頭していた**のです。いいかえれば、ユーロという通貨統合による競争激化と利ざや低下が引き起こした必然的な歴史的にも「巨大な錬金術」（古内② 9-10）がくり広げられていたのです。

ＩＫＢは高利回りをうたうラインのローレライの怪しい歌声に惑わされたのでしょうか、利回り狩に熱中し２００２年にオフバランス機関（ラインランド）を設立しました。このオフバランス機関は低い短期金利の証券（資産担保短期証券：ＡＢＣＰ）を発行し、高い利回りの証券化商品（サブプライム関連証券）を購入します。安く資金を調達し高い利回りで運用するので、一見効率的な資金運用です。しかしその運用資産の大半は、サブプライム関連証券が組み込まれている、危険きわまりないＣＤＯでした（〈BE①〉71〈米倉②〉51-2）。

実際、７月末、ＩＫＢがスポンサーとなっているラインランドなどのオフバランス機関がサブプライム関連証券で損失を被り、ＣＰ市場で資金調達できなくなりました。ラインランドのＣＰが投資家から拒否されて売れなくなる場合、ＩＫＢは少なくとも80億ユーロの流動性を供給することになっており、この結果、ラインランドの不良資産を抱え込みます。ドイツの規制当局はラインランドがオフバランス機関のため、ＩＫＢに対しラインランドの潜在的損失に対する備えの資本保有を求めていませんでした。多くの金融機関がこのような危険な金融商品を忌避するようになった２００７年６月になっても、ＩＫＢは合成ＣＤＯのような不動産担保証券を買い持ちし続け、オフバランスの保有資産を膨らませる計画でした。このような危険な証券を回避すべく、買い手を探そうと必死になっていた投資銀行やヘッジファンドにとっては格好のカモです（〈FCIC〉247〈古内②〉9-10）。

ＩＫＢをカモにしていた典型の金融機関がゴールドマンサックスでした。２００７年初旬、ゴールドマンが合成ＣＤＯ（Abacus2007-AC1）の買い手を探していた時にＩＫＢがそれに食いついてくれます。ＩＫＢは７月20日、それを購入するのに必要なＡＢＣＰ発行に際し、不動産担保証券の格下げは自身の業務にはあまり影響ないと投資家に説明していました。ところが、数日すると、それまでＩＫＢのＣＰ発行の世話をしていたゴールドマンはラインランドＣＰの売りを顧客には斡旋しないと言い出します。さらにドイツ銀行は7月27日、ＡＢＣＰ市場がすぐにラインランドを見放すと判断し、ＩＫＢへのクレジットライン（緊急資金供給枠）を引き揚げ、ドイツの銀行規制当局に対しＩＫＢの危機的状況を警告します。

結局、ＩＫＢの最大株主のＫｆＷ銀行グループが、ドイツ政府の介入もあり、銀行主導の35億ユーロの救済を組織し、ＩＫＢは7月30日にベイルアウト（公的資金投入による救済）されます。8月7日、ラインランドがＩＫＢへ流動性支援の要請を発動したので、ラインランドのＣＰ投資家は助かりました。ラインランド発行のＣＰに伴う損失の大半はＫｆＷが背負いこむからです。この騒動があり、投資家は資産内容も見ずにＡＢＣＰ発行機関を避け始めます。だからこそＢＮＰパリバ傘下のファンドの償還停止が市場に〝ショック〟を与えたのです。実際、ＡＢＣＰの発行は２００７年８月８日に１・２兆ドルだったのが、同年末にはほとんど４０００億ドルも減少しました〈FCIC〉248〈BE①〉71, 86〉。

●ドイツ、さらにアメリカに潜んでいたＢＮＰパリバ・ショックの震源地

そしてその衝撃は、ドル建て金融の世界的広がり、深まりの状況からすれば、アメリカやドイツなどの特定の銀行や国に限られるはずがありません〈古内③〉97〉。**最終的には世界の金融システム全体が取り付けにあう**のです。当時、英国蔵相だったダーリングは、ドイツの銀行のことを懸念していました。これがヨーロッパで起きているとすれば、英国、米国でも起きているに違いないと考えていたのです（FT2017年9月2日&3日）。実際、ドイツで起きていたことが、米国のみならず、隣国のフランスでも起きていたのです。それが翌月の8月9日のBNPパリバ騒動なのです。ローレライとパリのフレンチ・カンカンの協奏です。

ドイツの金融騒動は本家のアメリカでもABCP騒動と連動しています。サブプライム危機は北大西洋両岸をはさんで進行していた巨大な金融上のインバランスの進行の産物なのです〈米倉③〉71~80）。サブプライム問題は2006年半ばに既に問題になっていたのですが、困難がいよいよ明らかになったのは2007年1月、2月です。住宅ローンの不履行増大により、サブプライムローン等の不動産担保証券関連の金融商品のより危ないトランシュが評価下げされ、多くのサブプライムローンを供給する住宅ローン会社も困難に陥ります。そして6月、高い格付けのはずだったCDOでも損失が明らかになりました。格付け会社は格付け評価の方法を見直し始め、何段階も格下げし始めます。投資銀行の一つのベアー・スターンズが深く関わっていたヘッジファンドが崩壊します。

そもそも薄い資本で超高レバレッジでCDOなどでの大きな取引をしていたヘッジファンドはたまりません。解約殺到に直面すれば、ヘッジファンドはサブプライム関連証券を大量に売ります。この売りが売りをさそう売りのスパイラルでヘッジファンドは償還困難となり、その多くは閉鎖に追い込まれます。ベアー・スターンズのようにヘッジファンドを経営していた投資銀行の損失も拡大します。欧米問わず大手銀行も投資銀行と同様、ABC、CDOを購入していました。この流れの中でBNPパリバ事件が起きたのです〈BE①〉86〈岩田〉79~80）。

米国の最大の住宅ローン会社のカントリーワイドも8月2日に、CP更新やレポ借入ができなくなりました。それまでの20年間めざましい成長を遂げた同社は、Fortune誌から〝2万3000パーセント上昇株〟と賞賛されていましたが、7月後半、同社のサブプライムローンの支払い延滞率が3カ月間に2倍となったことが発覚しました。大恐慌以来、住宅市場は最悪の〝前代未聞の混乱〟となり、同社の財務状況が危機的になりました。投資家はこれらの予期せぬ損失に素早く反応し、同社CPの更新を拒否しました。同社は取り付けの標的となったのです。同社はレポ市場でもローンの資金繰りができなくなり、その返済のために資産を売らなくてはならなくなったのです。こうして8月9日には「カントリーワイドの9・11」なる「前代未聞の混乱」が起こりました。以前は強気であったメリルリンチのアナリストが「流動性はアキレス腱である」なるタイトルのレポートを出し、カントリーワイドが現金に窮乏し破綻に追いやられるという警告を出したのです。同社は、このレポートを、混雑した劇場で火事だと叫ぶ行為であると非難しました〈FCIC〉248〈Sorkin〉88)。

中規模のサブプライムレンダー（American Home Mortgage Investment Corporation）も8月6日、破産申告していました。同社は自社発行のABCPに支払延期権利を行使します。不安が高まった市場では不動産関連証券が急落しました（トリプルAの部分は7月後半額面の45％に）。そしてABCPの買い手がない中、住宅ローンの証券化業務は止まったのです。だから貸し手は同社発行に類似する他社のABCPを回避するようになりました。8月だけでもABCP市場は1900億ドル、あるいは20％の下落です〈FCIC〉251〈Paulson〉60,72)。

第3節　音楽が止めばダンスも終わり──流動性の流れが止まればゲーム・オーバー

こうしてレポ市場は２００７年８月実質消滅し、それが数カ月続くのです。貸し手が担保を差し押さえても、その担保商品には価格がつかないので流動性が失われます。こういう場合、貸し手にとっての最善の処置は担保を受け入れないこと、すなわちレポ市場に入らないことです。実際、高格付けだったはずの不動産担保証券が相次いで急激に格下げされました。これらの仕組み債の格付けが信じられなくなったのです。価格が付くことなく気配値が下落し続ければ、証券化商品の評価損も雪だるま式に膨張します。もちろん、価格がつく方法もあります。非常に低い価格で投げ売りすることです。しかしこの異常な価格でレポ取引となる資産が評価されるとしたら、レポ取引など危なくてできません。

実際、レポ取引の場合、担保の評価は国債や優良株のように広く市場で取引される価格に基づくものでありません。レポ担保の評価は貸し手、借り手という一対一の相対の取引当事者により決定されます。だから担保を出す側と受け取る側では担保評価の件で大きな開きが出てしまいます（〈Gordon〉67）。このレポ担保評価をめぐるトラブルはリーマンやＡＩＧが破綻する時にも大問題になります。

窮地に陥ったのはヘッジファンドばかりでありません。**銀行自体も危なくなったのです。**そもそも銀行は短期借り長期貸しで利ざやを稼ぐ金融機関です。銀行の資産は負債に比べ流動性が乏しいのです。短期で借りた負債はすぐに引き出されるのに対し、長期で運用している資産の換金は簡単にはいきません。しかも当時の金融機関は薄い資本なのに過大な借入（レバレッジ）にのめり込み、流動性の薄い資産をオンバランス、オフバランスに抱えていたので、いざという時には短期の資金調達もできず、逆に資金を引き出されてしまう目にあったのです。

銀行も自己資本節約の過大レバレッジを行なうと危険なのです。問題となった証券化商品の場合、銀行は短期間で売買される市場流動性の高い金融商品として扱い、トレーディング勘定で保有されることが多かったのです。それは短期の売買なので、リスクを長期に抱え込まないということが前提の勘定です。その分、所要自己資本は少なくてすみます。本来なら、リスクを長期に抱える資産は銀行勘定で保有され、そのリスクに応じて自己資本を厚くします。だからトレーディング勘定では市場流動性が低い金融商品は保有されないはずです。証券化商品は、信用リスクが最も低いトリプルAの格付けでリスクが低いとされる商品なので、銀行はトレーディング勘定で保有できるのです。ところが実際にはこの証券化商品の格付けが急低下しました。ただでさえ資本が薄いのに、保有する資産は流動性が低く、いざという時はその価値評価が急落する証券化商品でした。資本節約に熱心だった銀行は資本の追加を迫られたのです（〈進田〉157-9）。

自己資本が薄い場合、資産価値が少しでも下がると致命的な事態を迎えます。資産価値の下落が3％にも満たなくても、会社を吹き飛ばします。２００７年の時点、米国の5大投資銀行は薄い資本でとてつもない額の取引をしており、レバリッジ比率は40対1にまでなっています（資産が40、資本が1の割合）。これで資産の損失をカバーしようというのです。さらに悪いことに、借り入れの大半は短期、オーバーナイト物です。オーバーナイトの借入は毎日更新しなければなりません。例えば、ベアー・スターンズの場合、２００７年末、資本は１１８億ドル、債務は

3836億ドル、オーバーナイト借り入れは700億ドルの規模でした。これを資本が5万ドルの小さな規模の会社にたとえれば、借り入れが160万ドル、そのうち、29万6750ドルは毎日満期になるものです。これでは、更新ができなくなり、また拒否された場合が大変です。返済に対応するため資産を売却しようとしても、暴落した市場では売れない、売れたとしても破壊的価格にしかならないからです（〈FCIC〉xvii〈Geithner〉230）。

　この流動性喪失の恐さをうまく伝えているのが、元シティバンクCEOのチャック・プリンスの警句です（2007年7月）。「音楽が止むと、流動性の絡みで言えば事態はやっかいになる。しかし音楽が進行している時は、座らずダンスしなければならない。我々は今も踊っている」。これは積極的なプライベートエクイティ取引（未上場企業の株式の取得・引受）でトップの座を維持し続ける努力の必要性を説いたものですが、奇しくもその警句を発した同月、次月に「音楽が止むと、流動性の絡みで言えば事態はやっかいになる」ことが実際に起きたのです。音楽という金融取引が止むと、流動性が喪失する深刻な状況に至ったのです。当のシティグループもサブプライム関連で大きな損失を被り資本不足に陥ったので、中東の政府系ファンドから75億ドルの増資を引き受けてもらいました（*The New York Times*, 2010.April8.2010, 電子版〈岩田〉79,80）。

　やや急ぎ足の記述となりました。ここでそれまでの経緯を簡単にまとめてみます。**米国の住宅価格下落→欧米の金融機関が保有するサブプライムローン関連の住宅不動産担保証券の担保価値の下落→担保価値への疑念→金融機関やファンドの資金調達が困難→レポ取引の貸し手は取りっぱぐれを恐れ、取り付けに走る→この恐怖がBNPパリバ・ショックで頂点に達した**という流れです。以上がBNPパリバ・ショックの〝ショック〟の内実です。

●問題の本質を見過ごしていたＥＣＢ――市場がほしいのはドルであり、ユーロじゃない

しかし〝ショック〟は別の所にもありました。**パリバ・ショックはドルが枯渇した事態**だったのです。この点を見過ごすことも大きなショックです。ＥＣＢが問題の本質を見過ごしていたのです。証券化商品の大半はドル建てです。米国で組まれたサブプライムローンが源泉ですので、この証券の取引はドル建てです。この取引が蒸発することは即、ドル資金が市場で枯渇してしまうことなのです。ＥＣＢはこの点を見誤っています。

前ＥＣＢ総裁はトリシェは8月9日の事件を「金融の動乱」と呼んで回想しています。その同日、12時半に「市場の秩序確保のために流動性供給オペで１００％注文に応える」と発表しました。市場からの初日の要求の合計は９５０億ユーロであり、以後、日を追って金額は縮まり、市場は落ち着いたとのことです。資金の貸し手が皆無で金利は急騰し、市場がまったく機能しない。このような取引がない状況に対応したというのです（日経 2014 年 9 月 22 日）。

トリシェは胸を張っているつもりですが、実は市場が求めていたのはドルであってユーロではなかったのです。損失を抱えているファンドを傘下に持つ欧州の銀行はその損失決済にドルが必要です。しかしロンドンのユーロダラー市場では銀行間の貸し借りが急減しています。これを補完するはずのユーロ・ドル為替スワップ市場でもなかなかうまくいきません。欧州の銀行にはカウンターパーティー・リスクの恐れがあったからです。となるとドルを供給する新たな資金源が必要です。しかし欧州の中央銀行ＥＣＢはドルを供給できません。だから市場は、ＥＣＢがＦｅｄからドル・ユーロ為替スワップを通じてドルを入手し、これをドル資金繰りに窮する欧州の金

融機関に供給することを期待したのです。しかし却下されました（その理由は次頁で説明）〈米倉①〉76-79）。

ＥＣＢがドルを欧州の金融機関にドルを供給しない限り、混乱はおさまらないのです。この点、トリシェは何も説明していません。いざという時、Ｆｅｄはドルを自国にとどまらず世界に供給できるが、ドルでなくユーロの守護神のＥＣＢにはその体制は備わっていないのです。欧州銀行のドル不足問題に備える体制ができたのは、12月、Ｆｅｄと欧州の諸中央銀行間のドル・スワップ協定の締結後のことでした。

トリシェもジャパン・プレミアムを思い出せばよかったのです。日本が不良債権問題で苦しんでいた時期です。日本は貿易黒字国でドル外国為替準備は豊富ですが、日本の金融機関は不良債権問題で信用を低下させ、国際取引上ドルの調達コストを引き上げられていたのです。ＢＮＰパリバ事件における欧州金融機関も同じことです。なぜなら、欧州の金融機関はサブプライム証券化商品の取引に深くのめり込み、ドル建て決済資金の手当がつかなくなり、パニックに陥ったからです。欧州の金融機関はドル決済が行き詰まっているので、ユーロを供給されても意味ありません。ドルがほしいのです。市場はＥＣＢがユーロ圏の銀行にドルを供給しなかったことに不満だったのです。ＦＴ紙はこれを「中央銀行家の時局への対応の遅れ」（behind the curve）の見出しで8月の欧州のドル不足問題を回顧しています。パリバ事件の発生は8月9日欧州大陸の朝のこと。5時間時差のあるニューヨークはまだ市場は開いてませんでした。

危機対応のつぼを外したのはＥＣＢばかりでありません。ドイツの銀行家もつきあいがよいようです。すでにみたとおり、8月のＢＮＰパリバ事件は7月のドイツの金融危機が引き金になっていたのですが、ドイツ銀行会長のアッカーマンは7月17日、ドイツの金融騒動を「危機の終わりの始まりにある」と言ってのけました。危機対策は進み、銀行のバランスシートは再構築されつつあると言うのです。実際は「危機」の「始まり」の終わりにすぎません。この会長はドイツの金融機関がドル建てサブプライム証券取引に深入りしていたことに全く気づかなかったようです。ドイツの中央銀行総裁ウェーバーも8月2日にＩＫＢの問題を「限られた、当該金融機関固有の事件」にすぎないと言ってしまいましたが、17日に他の州地方銀行も同じ運命を迎えます。ドイツ連銀さえ銀行システムの危機の状況を把握していないので、投資家は余計に不安を持つのです。したがって、サブプライム金融危機の発火点として、ドイツの「ＩＫＢ問題がパリバショックとともに今後語り継がれるもの」（〈古内①〉18）であり、ドイツ、米国、そしてパリと**重層的に危機の経緯**を追わないとＢＮＰパリバ・ショックの核心には迫れません（〈米倉③〉122-4）。

ＥＣＢは金利の判断でも、危機の本質を見落としていました。２００８年ＥＣＢは7月、原油高に伴うインフレ警戒感から利上げに踏み切っていたのです。インフレ進行と信用危機の相関関係が世界の経済景気低下へとつながっているとの理由から、金利を7月に4％から4・2％へと引き上げています（FT2008年7月1日．日経2009年5月10日）。世界的インフレが現存する危機だというのです。実際、ユーロ圏ではインフレ上昇率はその時点、４％へと急上昇していました。

しかし当時のインフレの大半は原油価格の高騰によるものであり、国内需要が過熱化していたわけでないのです。この時期に金利を上げてしまえば、下降している経済への下押し圧力を強めるだけです。物価と景気のいずれが問題なのか？　サブプライム問題が燃えさかる最中、そして金融機関の資金繰りが全般に悪化する中、金利引き上げは問題外のはずです。このインフレ統制のためとしながら、ＥＣＢは市場からのドル供給請求には応じなかったようです。これに対し、米国側は金利を下げています。なお、ＥＣＢは２０１１年、ユーロソブリン危機が頂点に達する直前にも金利を上げてしまいました（FT2018年6月15日）。ＥＣＢは物価安定が最優先課題であり、雇用、景気対策を本来の課題としない、異形の中央銀行なのです（〈米倉⑤〉第6章）。

他方、米国側の動きは対照的です。ニューヨーク連銀総裁ガイトナーはＢＮＰパリバ・ショックの２日前の８月７日、このような流動性逼迫の拡大の恐れをやんわりと警告していました。サブプライム問題に関し、信用の収縮、流動性の逼迫、あるいはより重大な金融機関が破綻する可能性に絡み、不確実性とリスクが新たな境地に入っていると言うのです。特に過大なレバレッジを効かせたファンドがこのショックを吸収する能力を減退させているというリスクについても警告していたのです（〈Geithner〉176-8）。

第2章　BNPパリバ事件の底層に沈殿していた米国サブプライム問題

第1節　住宅価格は上昇し続けるという住宅神話だけが頼りのサブプライムローン——米国の住宅神話はバブル期の日本の土地神話と同じ構図

●サブプライムローン証券化商品が売れる原理の危うさ

米国の住宅ローンとサブプライムローンの一般的な違いを見ておきます。返済期限は30年が標準。プライムローンの70％が固定金利。これに対し、サブプライムローンは90％が変動金利。ローンを貸し出す側の銀行からすればサブプライム層に30年の固定金利の住宅ローンを供給するのはリスクが高すぎます。プライム層に比べれば、返済の確実性は低い。またその長い期間に金利が急騰すれば銀行のローン供給の原資のコストが上がります。このようなリスクを避けるために銀行は、サブプライム層向けの住宅貸付金利を変動金利にし、プライム層向けよりも高い金利を付けようとします。しかしそれではサブプライム層向けのローンを組みにくい。

そこでサブプライム層にも貸し出しできるような金融革新が求められます。住宅ブームに乗じることです。銀行は担保の住宅の価値がローン残高を上回る状況があれば安心です。サブプライムローンはこのような前提で組まれるのです。そして30年の長期ローンを高めに固定するのでなく、最初の2、3年の間は金利を低くし、その間は元本分の返済は免除し、さらには金利分よりも低い返済額に設定しておくのです。こうすればサブプライム層にとっては非常に借りやすいでしょう。

これは悪魔のささやきの誘惑です。なぜなら、最初の数年がすぎるとサブプライムローン本来の高い変動金利となります。金利負担が激増し、元本分の返済も始まり、さらには繰り延べしていた金利の分に付された金利の返済の負担が上乗せされます。

しかし住宅神話が通用する限り、悪魔も「問題はありません」と甘くささやき続けます。優遇支払い条件が終了した後にも、住宅担保価値がローン残高を上回る状況が続けばよいのです。担保の住宅価格が上がっていれば、借り手は有利な条件で借入可能になります。住宅価格が上がり続けていれば、仮に借り手がデフォルトしても貸し手は担保の住宅を差し押さえて売却すればローンを回収できるからです〈Foote,Geradi,&Willen〉137-9,145)。

このような条件が維持され続けば、サブプライムローンを担保にした証券化商品も投資家に売りやすい。サブプライムローンは所得の低い人向けの住宅ローンなので信用リスクは高いはずだから、このローンを担保とした証券は売れにくいはずです。しかし、住宅価格が上がり続ければサブプライムローン層でもデフォルトは低いと見込めるので、サブプライムローンを元にした本来売れにくいはずの担保証券も売れます。

当時は米国のサブプライム層にかぎらず、世界の先進国の多くの個人も、土地や住宅が上昇し続けるという上昇トリップの幻覚（不動産神話）にはまっていたのです。特に欧米が顕著です。ユーロ誕生でユーロ圏の金利も低下していたので、ユーロ圏の多くの国も不動産ブームに沸きます。持ち家価格上昇や家賃収入を当て込んで過剰な借金を抱え込みます。これが米国のサブプライムローン・ブームと並行して進行していたのです。**北大西洋住宅バブル同盟**といったところでしょう。

米国政府の持ち家政策もひどいものでした。銀行に対して返済能力の怪しい人にまで貸すようけしかけていたのです（この点は次節で詳しく説明します）。銀行は無条件に政府の指図に従うはずがありません。住宅価格が上がれば担保は確保できるという算段があったから銀行も応じたのです。

●これはいつか来た道のデジャヴュ現象

日本の土地神話が米国で住宅神話に転じたと言う話です。住宅という資産価格の上昇は米国経済にとって強力なブースターになります。住宅ブームのおかげで、借り手は上がり続ける住宅の資産価値がローン純残高を上回る分を自分の資本（ホーム・エクイティ）として活用できます。一種のキャピタルゲインです。これがあれば、住宅の有利な借換えばかりでなく、これを担保に消費者ローンも組めます。米国の国民性からして、住宅や株などの資産価値の上昇はもろに消費増進につながります。住宅ブームを起点にアメリカの消費も上向くわけです。しかし後の住宅ブームの崩壊で不動産資産価値は急落したので、過剰な借金が重くのしかかります。ホームエクイティもマイナスになり（住宅資産価値 ＜ 住宅ローン残高）、銀行もローン回収のあてが外れました。

これはいつか来た道です。時期がずれた太平洋バブル同盟です。バブル同盟は北大西洋にとどまらなかったわけです。１９８０年代後半に土地神話にとりつかれた日本経済と同様、米国も住宅価格が上がり続けるという神話にとりつかれていたわけです。また当時のブッシュ政権は住宅金融関連の金融機関に対し、持ち家所有比率の低い低所得者やマイノリティ向けに積極的に貸し出すよう要求していました。これらの低所得者の人々が住宅保有者になるのは長い間、国家の目標だったのです。こうして住宅価格が上がっていた２００１‐06年の間、およそ２・５兆ドルのサブプライム・モーゲッジがオリジネートされます。正式な所得証明の提示もなく、住宅ローンを組める状況が続いていたのです。〈〈Gordon&Metrick〉6-7〈Gordon〉5.7〉。

第２節　プレデターを食い物にするエイリアンの登場――ローンで買った住宅は〝金と共に去りぬ〟を演じる金持ちの戦略的デフォルト

●みんなで借金して買えば怖くない

ところで住宅価格が上がり続ければ、多くのローンを組んで住宅を買うのは住宅の第一次取得者のサブプライム層だけにかぎられなくなります。サブプライム層より少し上級のオルトA層も積極的貸し出しの恩恵を受けました。またさらにその上の、すでに家を所有している信用力の高い人々の中にも、セカンドハウス取得、家賃収入、あるいは住宅価格の値上りによる一種のキャピタルゲインの投機目的で住宅ローンを組む者が増えます。こうして米国の全階層が住宅は上がり続けるという住宅神話の上昇トリップにはまり、踊っていたのです。

では、住宅価格が下落すればどうなるのか？　サブプライムローンはそのような事態は想定していません。想定していたら、サブプライムローンなど組めるはずがありません。サブプライムローンの証券化商品を買う投資家もいなくなるはずです。サブプライムローンを証券化し売却できるのは、住宅価格が上がると市場が広く信じている時だけです。実際、住宅価格が下落するとサブプライムローン証券化商品は大暴落しました。

持ち家の住宅価格が下がる一方、金利が上昇して住宅ローンの返済負担が増えたので、住宅の資産価値はローン純残高を下回るようになります。ホーム・エクイティがマイナスになったのです(「水没状態」と呼ぶ)。多くのサブプライムローン層の人々が「水没状態」に陥ります。借換えも非常に不利になり、住宅ローンを返済し続ける余裕のなくなった人々は、「水没状態」の住宅に住み続けられません。

●プレデターとエイリアンの対決

しかし住宅ローンを払い続ける余裕のある人は「水没状態」にある家を保持していても、他の資産や収入を頼りにした支払能力があるので何とかなります。それがうっとうしければ「水没状態」にある住宅資産を手放せばよいのです。こうすれば住宅購入のための借金からも逃れられます。住宅は〝借金と共に去りぬ〟ですませます。米国の場合、住宅ローンはノンリコースとなっており、意図的にデフォルトしてローンで買った住宅を手放せば、このローンともおさらばできます。こういう人たちは「戦略的債務不履行」者と呼ばれます。

甘い支払い条件で住宅ローンを勧誘し、返済できなくなったサブプライムローン層の人々を持ち家から追い出す業者はプレデターと呼ばれ、当時社会問題になりました。しかしプレデターの上をいくエイリアンが米国には多いのです。上級層のローンの場合、このプレデターを出し抜く

「戦略的債務不履行」を敢行できます。金銭的に困窮した借り手ではなく、完璧な支払い履歴をもった住宅所有者も意図的にデフォルトできるのです。住宅ローンはノンリコースです。投機のために借りた額よりも資産価値がはるかに急落している住宅を放棄すれば、投資の失敗からも抜け出せます。見事な個人版不良資産処理です。これではプレデターの方がたまりません。プレデターが住宅投機家のエイリアンにプレデターされるのです（〈福光〉の説明から着想）。

ここから**サブプライムローン問題がリーマンショックにまで広がった理由**が説明できるでしょう。債務不履行がサブプライムローン層に限られておれば、世界であれほど損失は広がらなかったはずです。過大な住宅ローン借入はサブプライム層ばかりでなく、「戦略的債務不履行」をできる余裕のある、オルトA、プライム層にまで広がっていたのです。米国では不動産負債は2001年の5・3兆ドルが2007年には10・5兆ドルに膨らみました。米国の家計の不動産負債も同じ6年間に同じように膨らみました。すなわち2001年の9万1500ドルが2007年には14万9500ドルに（〈FCIC〉7）。この個人の不動産負債がサブプライム層に限られるはずがありません。しかも不動産レバリッジは米国ばかりでなく欧州にも広汎に広まっていたのです（〈米倉①〉156-9）。

第3節　住宅ローンを証券化しても貸し出しリスクはなくならない

●リスクを低く抑えているはずのCDO最上層の幻想：スイーツでも最上層部分は脆い

ＣＤＯ（Collateralized Debt Obligation：債務担保証券）は、社債や貸出債権などの種々の資産が束ねられ、これを担保として発行される証券のことです。だからＣＤＯは資産担保証券

図2　スイーツの三つのトランシュ（階層）でイメージできる合成CDO

① 不動産担保証券の低格付けのトランシュを買い集め、再証券化
② ①で組成された低格付けのトランシュを買い集め、再々証券化
③ それでもCDO需要に追いつかないので、ABX指数とCDS収益を加えた合成CDO（本図）を組成

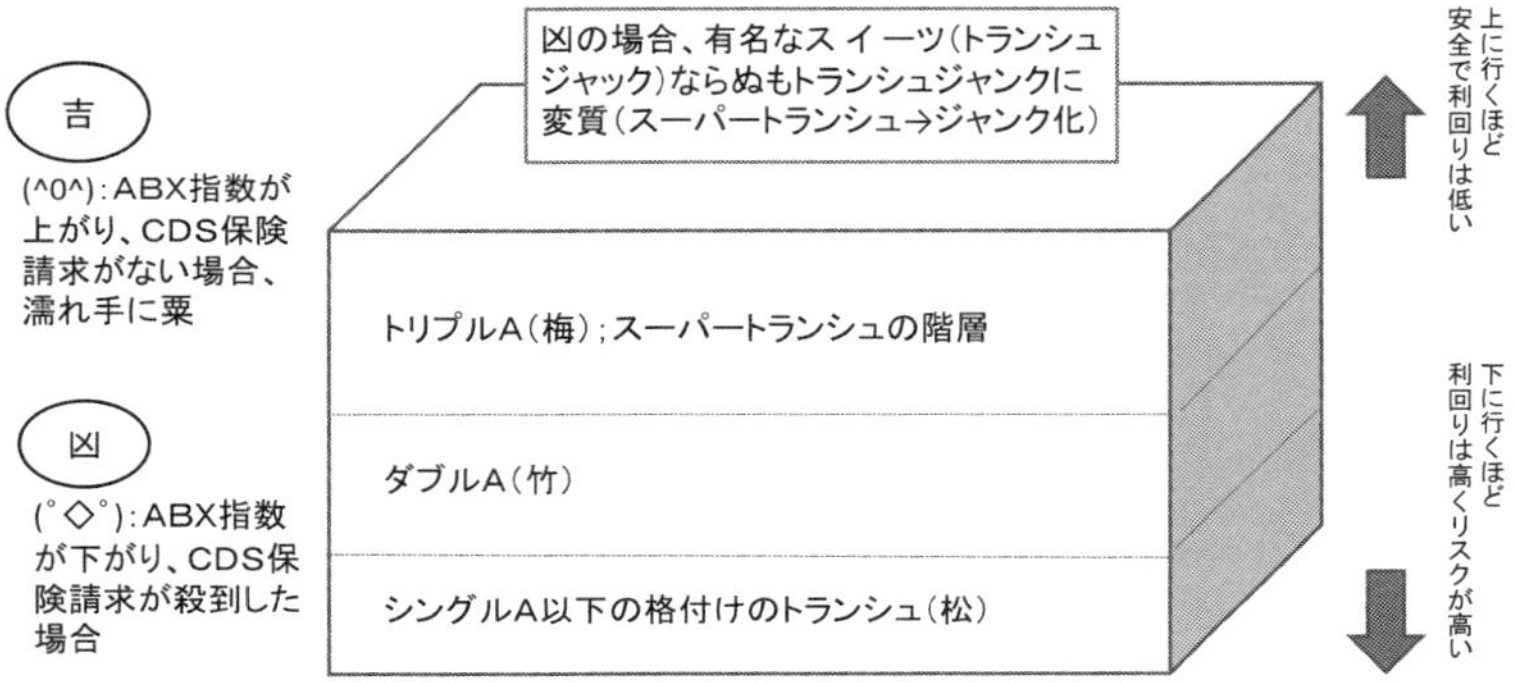

とも呼ばれます。サブプライムローンが住宅不動産担保証券に束ねられ（第一次証券化）、さらにこれがCDOに組み替えられる第二次証券化については、この10年以上にわたり、多くの文献が出回っていますので、その件についてはひとまず拙著（〈米倉①〉22-35）を参照していただくことにし、本書では住宅不動産担保証券から再証券化したCDOに焦点を当てます。その理由は、CDOの損失はサブプライム関連証券自体よりもはるかに大きかったからです（〈Foote,Gerardi,&Willen〉163-5）。

　CDOはスイーツ・ケーキの横断面をイメージすればよいでしょう（図2参照）。リスク度合いに応じた階層の債券で構成されています。債券は下層から上層に行くほど金利は低く、その分、リスクも低く安全性が高くなる、主に三つの階層（トランシュ）で構成されています。お菓子業界のスイー

図3　住宅ローンを数次にわたり証券化してできた債務担保証券（CDO）

① 不動産担保証券のリスクの高い低格付けのトランシュを買い集める

② ①で集めた格付けの低いトランシュをプールする

③ ②でプールされた証券をリスクと利回りに応じて再度階層化する

④ ③で階層化された中でトリプルA部分はリスクが低い分、利回りも低い

⑤ 格付けが低くなるほど利回りは高いがリスクは大きい。当該CDOに損失が出た場合、その大部分は⑤以下の部分が負担 。上の階層のトリプルAには損失が及ばない設計（結果は設計ミス）

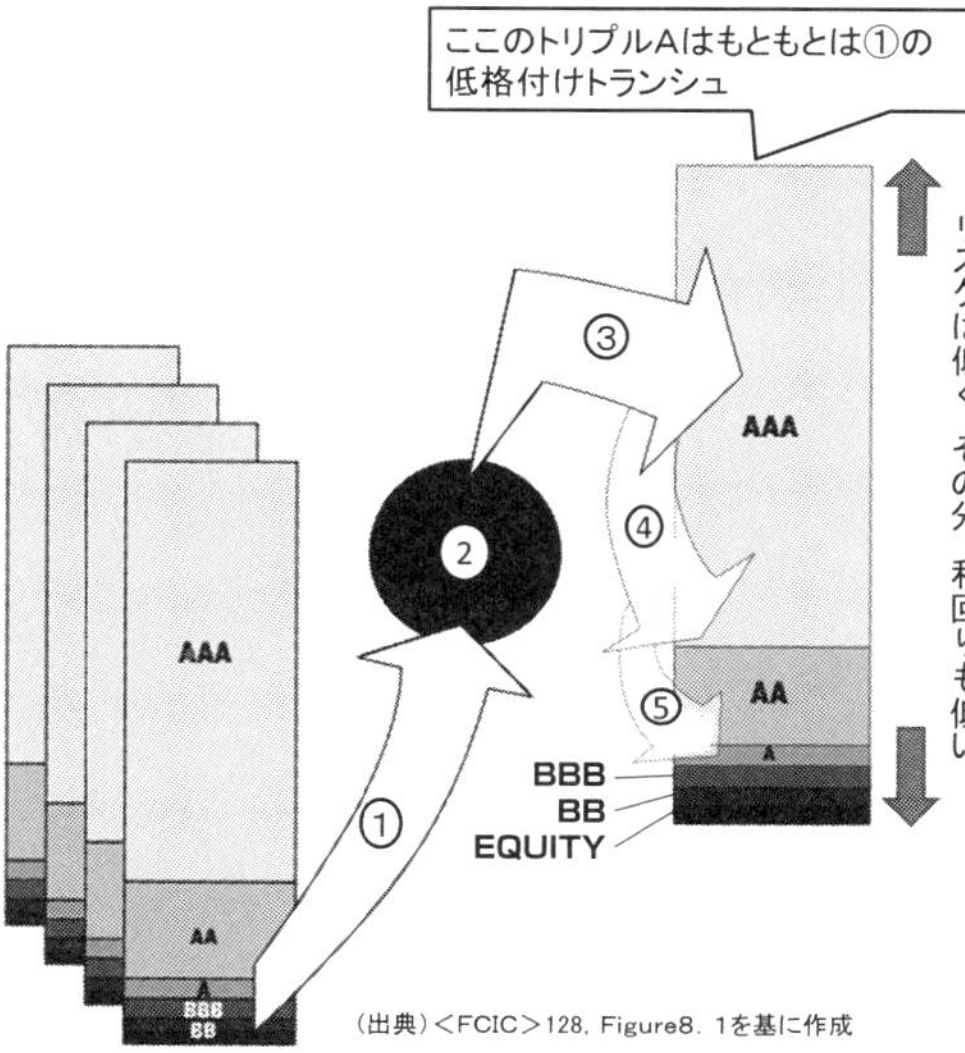

（出典）<FCIC>128, Figure8. 1を基に作成

ツのトランシュと同じことです。その多くは、底の生地、スポンジ、クリーム、フルーツのトランシュ（階層）があります。そして、スイーツに硬い部分と柔らかい部位があるようにＣＤＯにも、金利が高く返済の優先順位の低い債券（下層のトランシュ）と金利は低くても返済の優先度の高い債券（上層のトランシュ）に区分けされています。

問題はＣＤＯの上層トランシュがなぜ安全になるのかという点です。返済不能リスクが高いはずのサブプライム層向けのローンであっても、これを大量にプールして組成された不動産担保証券を大量にプールしスライスしダイスしてサイコロにし、さらにそれを再び集め直してリスク度に応じた階層（トランシュ）のＣＤＯを設計できるというのです。その場合、最下層のトラン

シュが主にリスクを引き受けるので、最上層のトランシュはリスクが非常にすくなくてむという理屈です（図2、3参照）。一階と三階では一階のほうが水がつかりやすいというイメージです。金利は高いがリスクも高い下層のトランシュと、金利は低いがリスクも低い上層のトランシュの債券に階層分けすれば、サブプライム層向けのローンが多く組み込まれている不動産担保証券であっても、デフォルトリスクは分散できるというわけです。

●CDO階層のリスク配分は大きな設計ミス

最下層のトランシュに損失が及んだとしても、この最上位の階層には損失は及ばないように設計されています。最上位の階層トランシュはトリプルAです。**しかし設計が間違っていた**のです。サブプライムローンの住宅保有者のデフォルト率は歴史的には低かったので、トリプルAトランシュのCDOは15％あるいはそれ以上のデフォルト率が起こらなければ全く安全というように設定します。

しかし、担保となるのはもともとは最悪のサブプライム担保証券ですので、本来リスクは高いはずです。たとえリスク分散の原理を唱えようとも、実際には想定どおりにはことが進行しなかったのです。

格付け会社のS&Pは、5年間にデフォルトする確率はたったの0・12％と見積もっていました。また、住宅価格は全米同時には決して下落しない、1つの地域の下落は全国全体では緩和される、そしてCDOは地理的に分散されたサブプライム・モーゲッジから構成されているので、損失が最高級格付けのトランシュにまで及ばないという設定が理論上は可能でした。しかし実際にはデフォルトは全国的に広がり、デフォルト率は想定の200倍以上となったので、CDOのトリプルA格付けのスーパートランシュにもデフォルトが及んだのです〈〈Geithner〉204-5、207-9〈Foote,Gerardi,&Willen〉163-5〉。

なお面白いことにCDOが格付けされる場合、発行者は一番よい格付けを選べます。そのためでしょうか、CDO発行者のほうがCDO購入者よりも多くの手数料を格付け会社に支払います。想定通りにいかなかったのはある意味、当然です。そもそもサブプライムローン自体が歴史が浅く、他の社債などのようにデフォルト履歴を客観的、統計的に評価できる多くのデータはありません。そのデータは住宅ブームの時だけに限られたものです。住宅価格が上がり低金利の情勢だったので、支払い遅延やデフォルトが起きにくい時のデータしかありませんでした。だから住宅ブームが終われば、この前提が崩壊するのです。予想デフォルト率は住宅ブームに限られた時期のものとブーム崩壊を合わせた時期のそれには天と地の差があるはずです。したがって、CDOのトランシュの評価もこの両期間では雲泥の差が生じているはずです。スイーツで例えれば、保冷剤が効かなくなれば、上のクリーム部分を支えてくれる底の生地もぐちゃぐちゃになり、上のクリーム部分も同じ運命になるはずです（誰も食べれない）。このようなことがCDOの世界でも起きます。その帰結が未曾有の世界金融危機だったのです。

●食あたりは天然物よりも合成物の方がひどい——需要が多かった合成CDOには毒素がいっぱい

それはともかく、住宅ブームの中、CDOの需要は増加します。高リスクのローンが元になっていても、スライス&ダイスを繰り返すCDOの階層化によって低リスクの、それなりに高利回りの商品が組成されるというわけです。この場合、CDOの上層トランシュが売られます。なぜなら、このトランシュはサブプライムローンのリスクを抑え、その高利回りを確保する、まさに金融革新の産物そのものだからです。

低格付けのローンから造り出された高利回りの安全な高格付けの金融商品CDOが生み出されると需要が膨らみます。しかし新たにサブプライムローンを作成するだけではこのようなCDO需要には追いつきません。そこですでに組成されているCDOの最低格付けのトランシュを大量にプールします（図3）。そして最初にCDOを組成した原理を最低格付けのCDOのプールにも応用します。この新たな、本来最下層にあったCDOをまたまた、利回りとリスク別に階層化し、低位層をジャンクと格付し、最上層をCDOスーパートランシュ（格付けはトリプルA）に区分けします。

しかしこれでも、CDO需要には追いきません。世界的低金利の中、利回り狩に熱心な投資家の人気の的になっていたからです。まさにスイーツならぬ、実に甘い話です。CDOは元になっているサブプライムなどの住宅ローンの返済可能性でなく、その組成に基づく担保価値が適正に査定されていることにして、トリプルAの格付けが付いていればOKなのです（当時、それをへンに思う人は少なかった）。これは現場を見ず、あるいは裏をとらずに、記事を書く不適切な報道手法と通じるものがあります。

こうして2007年に住宅バブルが崩壊し始めるまでは、CDOに対する投資家の需要が急拡大します。天然物の供給では追いつきません。現物のローンの不動産担保証券への組成や現物のCDOの最下層部分の新たなCDOへの組成では需要に追いつかないのです。そこで天然物に代わって合成物の登場です。新たに「合成CDO」の組成でCDO需要に応えるのです。

では同じ高格付け最上層（スーパートランシュ）のCDOでも、天然物と合成物とでは何が違うのでしょうか？　合成CDOの場合、CDOの最上層のトランシュを少なくした分、債務不履行保険（CDS）とABX指数（サブプライム証券の価格の動きを示す指数）を取り入れたことです。CDSとABX指数を加えてCDOをつくるので、シンセティック、あるいは「合成CDO」と呼ばれるのです。ABS指数やCDSが組み込まれると、ABX指数が上がった分やCDSを売って得た保険料が合成CDOの利回りに加算されます。CDSは不動産担保証券やCDOなどのデフォルトの損失を保証するものです。保証するCDOなどの本数が増えれば増えるほど、そしてそのCDOにデフォルトや価値下落がなければ、保証料だけが手に入り、デフォルト保険を払わなくて済みます。濡れ手に粟とはこのことです（図2、3）。しかしCDSの保険履行が発生したり、ABX指数が下落するとどうなるのでしょう？

●ABX指数の投機的破壊力——信用の3Cの動きを典型的に示すABX指数が大手金融機関保有のCDOを直撃

ここでABX指数の件で説明しておきます。サブプライム関する不動産担保証券やCDOなどの証券には、国債や上場株式のような広く深く取引できる流通市場はありません。そこで2006年初め、この流通市場に代替する仕組みとしてサブプライム関連の指数が創出されました（特に2006年1月にABX指数）。これは20の同等にウェイト付けされたサブプライム住宅ローンを担保として発行される証券のトランシュを参照しています。このABX指数の導入により、サブプライムリスクを価格付けする比較的流動性のある、広く識別できる市場が開設されたことになります。こうすればＡＢＸ指数がサブプライム不動産担保の価値の重要な情報になるはずでした。

住宅価格が上がる限り、金融的にきつくなった借り手でも借換え、あるいは住宅を売ってローンを支払えるので、デフォルトを回避できます。しかし逆に価格が急落すると住宅を売ってもローンを返済できなくなります。この限りで言えば、ローンのリスクは把握しやすいはずですが、幾重にも連なるローンの証券化の連鎖の中では、投資家はリスクの所在、程度を簡単には把握できなくなりました。サブプライムリスクは世界中に不透明に広がったので、リスクの測りようもなく、しかもリスクの所在が不明です。リスクをきちんと測れる情報がなければ、投資家は投資先のカウンターパーティの支払い能力に不安を感じます。しかしながら入手できる情報は不動産担保証券を一方的に組成した側にしかありません〈〈Gordon & Metrick〉11，〈Gordon〉67〉。

２００６年に住宅価格上昇がストップしましたが、その効果はＡＢＸ価格にもろに反映されました。サブプライム証券は住宅価格に非常に敏感に反応しますが、ローンの証券化の連鎖の中で投資家はリスクの所在の情報がわかりません。投資家は知る分が少ないので、価格下落で大損する不安にかられます。ＢＮＰパリバ事件がまさにその不安を具現したのです。サブプライム関連証券が考えられた以上に価値が少なかったことが露呈しました。そしてそれがＡＢＸに鋭く反映されます。銀行間市場の全般的な凍結、損失計上、そして銀行が投げ売りを強いられたので**価格の下落スパイラルが始まりました**。投資家はそのサブプライムリスクをヘッジするために、ＡＢＸ指数の売り方の側に殺到します。これでバブルが破裂し、パニックが始まったのです〈〈Gordon〉

74,76-77)。

問題は、**ＡＢＸ指数がＣＤＯなど銀行の保有する証券化商品の価値下落に弾みをつけてしまったことです。**ＡＢＸ指数には、支払い履歴、ローンの規模、ローンと住宅価値の比率、住宅価格の上昇の状況が組み入れられているので、景況や住宅価格の上昇が予想されるとＡＢＸ指数も上がります。逆に、サブプライムローンの返済滞りや不動産担保証券に対する格下げが起こり、この格下げでサブプライム不動産担保証券価格が下落すれば、ＡＢＸ指数は下がります。ＡＢＸは住宅価格やその他の住宅不動産リスクの変化に左右されるわけです。

しかしＡＢＸ指数の決定的要因は投資家のリスク取り意欲（アピタイト）なのです。投資家のリスクアピタイトが減少し、取引が極端に減り、証券化市場の流動性が低下すると、ＡＢＸ指数はいっぺんに低下します。特に２００６年の後半には価格下落を見込んだヘッジファンドがＡＢＸ指数の売りを仕掛けました。ＡＢＸ指数の空売りが増長し、膨大な投機的ショートポジションに圧倒され、ＡＢＸ指数は一度に75％以上も下落したことがあります。しかも、この下落で儲ける空売りをしておけば、サブプライムローンのデフォルトリスクによる損失に対する防護になるので、ＡＢＸ指数取引の下落に賭ける取引に弾みがつきます。さらに深刻なことは、このＡＢＸ指数の取引が過小資本、過大レバレッジ、そしてすぐに引き揚げられる資金で行なわれていたことです。少し下がっただけで自己資本も吹っ飛ぶでしょう（〈Fender & Schneider〉67-71,77-80）。

このような状況に投資家のリスクアピタイトが敏感に反応し、市場の流動性が蒸発したのです。この結果、多大なレバレッジで住宅ローン関連資産（特にＣＤＯ）を仕込んでいた金融機関やファンドは資金調達が困難になりました。どこの銀行がどれくらいこのような証券を持っているのか、金融機関同士が疑心暗鬼に陥ります。金融機関はこのような不良資産の感染を恐れ、自身の流動性の確保を優先します。**銀行間市場の凍結**。**金融システムの信用の急速な喪失**。それが2007年夏8月9日早朝のBNPパリバ事件だったのです。いみじくも傘下のファンドの償還を一時停止したBNPパリバの言うとおり、公正な値段による取引が不可能な状態になったのです〈〈Sorkin〉5-6,88〈篠原〉262〉。

●銀行がCDO保有に熱心だったわけ――資本節約のはずが資本破壊

銀行がCDO保有に熱心だったのは収益性ばかりではありません。資本節約に絶大な効果があったのです。銀行はローンでなく、証券化商品を資産に保有したほうが得だったのです。ローンよりも高い格付けの証券化商品であるCDOを保有する動機は資本節約の効果のためです。銀行は100ドルの不動産担保をバランスシートに保有した場合、5ドルの資本を保有しなければなりません（4ドルは予期せぬ損失に対し、1ドルは予期する損失への準備）。しかし、この100ドルを証券化しトランシュにして保持しておけば必要な資本額を減らせます。トリプルA、ダブルAの高格付けのある100ドルの証券に対しては1・6ドルの資本保有でよいのです。トリプルA不動産担保証券は不動産で担保されているという理由からです〈〈FCIC〉100, 570〉。

しかしABX指数が暴落すれば金融機関が保有する高格付けのはずのCDOなどの資産価格も大打撃を受けます。金融機関はABXを保有する証券化商品の評価の指標として広く使用しており、この指標の下落に応じてCDO保有に莫大な損失を計上しなくてはならなかったのです。すでに指摘したとおり、ABX指数は一度に75％以上も下落しています。

本来、リスクをとったり（オン）、はずしたり（オフ）しながら収益とリスクのバランスを取る財務管理は、ナイアガラの滝の上の綱渡りのようなものです。節約した薄い資本なる一本の平衡棒を頼りに綱から転げ落ちないよう滝の反対側へたどり着かねばなりません。薄い資本＝過大レバレッジの恐さです。銀行が保有する高格付けの合成ＣＤＯの場合、いざという時は流動性の低い、後に急激に格下げされてしまう証券化商品でした。しかも市場がパニックに陥ると価格もつかないくらい暴落する。これを過大に取引していたらどうなるのか？

そのいい例がシティバンクです。シティバンクはＣＤＯの主要な組成者であり、多くのトリプルＡクラスのＣＤＯのスーパー・シニア・トランシュを保有していました。合成ＣＤＯの場合、ＡＢＸ指数とＣＤＳが神器から凶器に化したのです。さらにこのトリプルＡの格付けには問題がありました。商業銀行や投資銀行などＣＤＯ発行者は格付け会社に多くの手数料を払うので、格付けが甘くなりがちです。ムーディはＣＤＯのような組成商品格付け売り上げを10年間に８００％増大させていたくらいです（〈Geithner〉204-5.207-9）。

シティバンクの2兆ドルのバランスシートは見かけよりもずっと危なかったのです。薄い資本であること、リスク要因の重要さを十分理解していなかったこと、ストレステストも市場が異常な事態になる場合を想定していなかったこと等々がそれです。さらに1・2兆ドルの資産をオフバランスへ隠しこんでいました。これも資本節約が動機です。会計上、オフバランスでは損失に対して資本を備えなくてよいからです。このオフバランスに保持する証券の資金繰りはオフバランス機関が発行するＡＢＣＰ発行で賄うはずですが、このＡＢＣＰが投資家に売れなくなった場合は、シティバンクが買うという保証を付けていました。そのため、投資家がＡＢＣＰ市場から逃避した2007年後半、シティバンクはこの保証のために250億ドルを支出します。シティバンクはオフバランスの機関にある証券も引き取るはめとなり、同社が認知したサブプライム投資リスクは4週間で4倍になったのです。オフバランス機関が資金繰りに行き詰まり、その損失がブーメランのようにシティバンク本体のバランスシートへ回帰するとは想定していなかったのです〈〈Geithner〉204-5,207-9〉。銀行と規制当局は、トリプルAの不動産担保証券は非常に安全な投資とみなしており、深刻な損失が出るとは予期していなかった。だから、損失が出た時に格付けが引き下げられてしまう事態にも準備していなかったのです〈〈FCIC〉100〉。まさに2007年ドイツのIKBの超拡大版でしょう。

これでシティバンクCEOのプリンスは辞任に追いやられました。音楽が鳴り続ける間は踊り続ける必要があると有名な台詞を残した人です。不動産担保証券市場に汚染が広がり、まさにその人にとって、音楽が止んだのです〈〈Geithner〉206〉。

そしてこのCDOのすさまじい破壊力は投資銀行のベアー・スターンズにも及びます。2007年12月までに190億ドルの損失計上しました。この内、100億ドルはCDOの損失計上とCDOの在庫放出からのものです〈〈Gordon〉70〉。サブプライム住宅ローンを含む諸資産をプールしたCDOの損失は、サブプライム証券自体の損失よりも甚だしかったのです。なぜなら、CDOのポートフォリオには実に投機的な動きをするABX指数が組み入れられていたからです。

しかも、この指数自体が、同じく不安定な動きを見せるレポ市場の動向に左右されます。レポ取引の場合、価格が変動しやすい証券化商品が担保であり、主な借入資金はすぐに引き出されるオーバーナイトなどの短期資金なので、変調が起こりやすいのです。このような不安定なレポ市場の動向がＡＢＸ指数に跳ね返れば、その指数に基づいて評価されるＣＤＯの価値も破壊されます（〈Gordon &Metrick〉8）。まさに信用の３Ｃの凶器そのものです。

●証券化手法の原罪（original sin）パラドクス――住宅ローンのオリジネーターも原罪を背負い続ける

かつて米国はローンの証券化における信用リスク管理のことを誇っていました。バブル時期の日本の銀行は不良債権のリスクをバランスシートに抱えた（ローンＯＴＨ方式・originate to hold）。それに対し、米国の銀行はローンを証券化し、本体に信用リスクを抱えず、それを分散させるという触れ込みでした（ローンのＯＴＤ方式・originate to distribute）。

何という傲慢（hubris）さでしょう。金融革新によりリスクは多くの投資家の間に分散化されるので一カ所には集中しない、だから金融システムが以前よりもより容易にショックを吸収できる云々、と。このような銀行家のマントラが蜃気楼のように消え去ったのが２００７-08年の世界金融危機でした（FT Gillian Tett 女史の談：日経 2007年10月日）。

ＯＴＨ方式からＯＴＤ方式に移っても、ローンを組む金融機関は信用リスクから逃れられないのです。これについては、まず住宅ローンを組むオリジネーターをみてみます。ローンは証券化する前に保管し、これが一定程度集まると証券引き受け業者に移転します。ローンを保管している間にローンの滞納率が増えれば、証券化して売る予定の住宅ローンを手元に抱えてしまうはめになります。ローンが売られた後も、ローンに関する保険やローン返済徴収、元利保持などのサービスの業務を維持し、ここから手数料を得ますが、このことは逆にローンの支払いが滞る場合のリスクを負うことを意味します。またオリジネーターはローンに関する抵当に欠陥があれば買取ることになっています。元利金の支払いが滞ると証券を買い戻します。ローンの証券化商品を投資家に安心して買ってもらう必要があるからです。

こうなるとオリジネーターの住宅ローン会社は、証券化するまでのローンを抱える資金を捻出したり、投資家からの住宅ローン担保証券の買い戻し要求に応じるための資金が必要になります。買い戻した証券の価値が下がれば住宅ローン会社が損失を負います。しかし住宅ローンの滞納率が高くなったり、価格が下落した証券を買い戻さなければならない住宅ローン会社に、お金を貸し出す金融機関などいません。住宅ローン会社はローンの原資を銀行借入、CP発行に頼り、これで住宅ローン貸し出しに回し、そのローンを担保とする証券を売って銀行借入やCPを返済します。一種の自転車操業です。住宅ローンの貸出とその回収のためのローン証券化の流れが止まれば、自転車は漕げなくなってしまいます。こうして住宅ローン会社は資金繰りに窮します。このような状況で、2007年4月の全米2位のニューセンチュリー・ファイナンシャル・コーポレーションの破綻、07年8月には住宅ローン最大手のカントリー・ワイド・ファイナンシャルが経営悪化したのです。後者には預金者の取り付け騒ぎも起きました（これはバンク・オブ・アメリカからのクレジットラインのおかげですぐに収まります）〈Gordon〉71-74〈米倉②〉140-142〈岩田①〉74-75)。

次にローンを証券化して販売するアンダーライターの抱えるリスクを見ていきます。証券引受人（投資銀行や銀行のオフバランス機関）は不動産担保証券のトランシュを保管します。そしてこのトランシュを再度証券化し、ディーラー銀行がこれを引き取り、保管し、CDOを組成し、投資家に売る流れがあります。いくつかの銀行はこのＣＤＯを売る時期を見計らい、シニアトランシュ部分を自身のバランスシートに保持しておきます。だからそれを保持している間に、このＣＤＯの元となるサブプライムローンに損失が生じると、在庫しているＣＤＯもその損失を被るのです。実際、銀行による損失計上の大半はこのようなＣＤＯ保管からのものです。特にＣＤＯ損失の双璧はシティバンクとメリルリンチでした。両社はＣＤＯ損失額の記録を競っていたのです。一方、投資銀行は預金でなく、卸売り市場、ＣＰ、レポ市場に資金調達を依存しますが、サブプライムローンが元となっている保有資産が痛むと、この不安定な資金調達先は急激に萎み、時には逃避されます〈〈Gordon〉70-1〈Sorkin〉146-9〉。このようにオリジネーターからアンダーライターまで、証券化商品の創出、維持には大きな信用リスクがあるのです。米国の金融業者が誇っていたはずのリスク管理（ＯＴＤ方式）はこの程度の代物だったのです。

中編

オール・リーマン化した金融システム――新型「取り付け」の全面展開

第3章 投資銀行ベアー・スターンズへの取り付け

金融機関の救済の目的が、〝大きすぎてつぶせない〟から、〝つながりすぎてつぶせない〟にシフト

第1節 過大なレバレッジによるレポ取引が命取りになったベアー・スターンズ——投資銀行とヘッジファンドの相互利益

●プライムブローカー業務を積極的に手がけたベアーの動機

第2章第3節で見たように、ベアー・スターンズはいつでも引き揚げられる資金、そして薄い資本で過大なレバレッジを展開した結果、CDO取引で大損害にあいました。これはヘッジファンドとの関係を深めていたためでもあります。ベアーは自分の勘定で顧客のヘッジファンドの取引の執行や決済、有価証券（株式や債券）の貸付などを行ないます（プライムブローカー業務）。

投資銀行はこの業務を通じ、ヘッジファンドが行なう大量の注文を執行できます。ビジネス拡大のいい手法です。証券取引におけるヘッジファンドの比重は高まっており、その決済を自身の勘定に集中させれば、多くの取引相手に最善の価格を選択して提示できます。ヘッジファンドにとっても、投資銀行を通じた決済であれば、多くの売り買いの取引を相殺した差額分の支払いで済ませるし、同じ日に同じ担保で多数の売りと買いをこなせば、決済の件数や必要額も圧縮できます。

だからヘッジファンドはレバレッジを効かせた取引を行なうために、投資銀行のプライムブローカー業務を活用して資金調達するのです。また取引の決済、有価証券管理などを投資銀行へアウトソーシングすれば、自身は小規模で信用力が低くても、信用のある大手投資銀行のプライムブローカー業務を利用した取引になるので、取引相手も安心して取引できます。

ベアー・スターンズはこのプライム・ブローカレッジ取引に熱心でした。資産管理や決済サービス、リスク管理など総合的な手数料収入源が増えるばかりか、ヘッジファンドとの関係強化を通じ自身の資金調達源が増強されます。なぜなら、ヘッジファンドに信用供与する対価として預託されている証拠金や担保を自身の取引の資金調達源に利用できるからです（〈淵田〉49〈中島〉56-57,60)。その典型例がいわゆる再担保金融です（これがリーマン破綻の時に大問題になる）。ヘッジファンドとの関係を強化したいベアーは複数のヘッジファンドを傘下におくようになります。

ところが傘下の2つのファンドが経営危機に陥り、07年7月に解散します。ＣＤＯ取引が祟ったのです。ベアーはヘッジファンドが預ける有価証券を担保に融資しましたが、この資産が減価するので傘下のヘッジファンドは追証の請求を受けます。このベアーのヘッジファンドに対しレポ貸し手はより多くの担保を要求したり、ただ単に貸し出しを拒否しました。ベアーにとってはオフバランス機関に過ぎなかったので救済すべき法的義務はありませんでしたが、このファンドに対する貸し手との良好な関係の維持に配慮し、この２つのファンドに貸し出しを続けます。

結局、２つのファンドは7月31日に破産宣告し、ベアーは貸し出した大半を失います。しかも、ベアーは一方で追証を求め、他方でも追証を求められる立場でした。ベアーはヘッジファンドへ融資する場合、預かっていた有価証券をレポ取引に回し、これで資金調達していました。ところがレポ取引の相手はベアが差し出した担保（ベアーのものでなく、預かり物）の劣化で追証を求めるようになったのです。ヘッジファンドは過大なレバレッジ取引に依存しているので、わずかの損失でも簡単に資本が食い尽くされ、資金繰りがつかなければ支払い不能に陥ります。過大なレバレッジをかけた傘下のヘッジファンドも担保が下落したので追い証に応じなければなりません。その資金をあてがないので親のベアーがそれを支援しなければなりませんが、ベアー自身も、薄い自己資本で、すぐに引き揚げられる過大な負債を抱えた資産運用にのめり込んでおり、ヘッジファンドの救済どころか自身を支える資金や体力がなかったのです。傘下のヘッジファンドがレバレッジを効かせた取引を行なうためにプライムブローカー業務を活用したのが祟ったのです（〈FCIC〉241〈Bernanke〉140~42,211〈McDonald〉29〈BE②〉2.8-9〈淵田〉49-50）。

さらに悪いことに、ベアーはＣＰ市場からも見放されます。２００７年10月１日、有力なＭＭＦが無担保ＣＰの公認取引相手からベアーをはずしたのです。無担保ＣＰはレポよりもリスクが高いとみられていたからです。ベアーの無担保ＣＰ発行は２００６年の２０７億ドルから２００７年末には39億ドルに急減し、このためベアーはますますレポ借り入れに依存します（６９０億ドルが１０２０億ドルに増加）。同時にオーバーナイトへの依存を強めます。これが後に一連の問題を引き起こします。ちょっとした信認の揺らぎでレポ取り付けを受けるからです（〈FCIC〉283〈Bernanke②〉211〈Ball〉26）。

第2節　レポ取引のヘアカットは金融システム自体をヘアカット――資産価格急落のスパイラルの引き金

●ゼロが100になったレポ取引の担保掛目

ここで改めてレポ取引の中身を確認しておきます。レポ取引は証券担保取引の一種です。レポの貸し手は担保を時価で評価し、この評価額から一定の割引率をかけて現金を貸し出します。レポの売り手は現金を受け取り、担保として証券を預託したリスクを反映した分に応じてリターン（実質上、金利）を払います。この割引率がヘアカットです。

ヘアカットの決まる例を示します。市場価値100ドルの資産を持つ銀行が、80ドルで売ったとします（後で88ドルで買い戻す約束）。この場合、レポ金利は10％です（[88-80］／80）。またヘアカットは20 ％です（[100 － 80］／100）。仮に、借り手が80ドルを返済できない、すなわち88ドルで担保を買い戻せない場合、貸し手の投資家は担保を保持します。

これが**レポ取引の仕組み**ですが、2007年初めにはヘアカット率の平均はゼロでした。証券化商品が格付けが高く、需要も大きかった時のことです。ところが、2008年後半の危機の最中にはほとんど50％に急上昇し、担保として受け入れらない資産も出てきます。ヘアカットがゼロから100％に跳ね上がる未曾有の事態 が起きたのです（〈Gordon&Metrick〉3-4 〈Scott〉74）。

これを大恐慌前夜の1920年代の株式ブームにおける証券担保の状況と比較してみても、ヘアカットの異常さが確認できます。当時の株式ブームの末期において、銀行では証券担保貸付の比重が高まっていました。担保証券の下落に備えるため、貸付額は担保証券の価値を大きく下回り、また下落が激しくなると追加担保を差し入れさせたり、要求次第支払いを求めることのできるコールの形式を取るなど、いつでも回収できるようにしていました。だから銀行の証券担保貸付の損失はそれほど大きくなかったのです。銀行の損失が大きかったのは、流動性の低い低級債、海外債券への投資であり、この債券価格が下落し銀行危機に至ったのです〈平田〉5,70,72,133-4,137-8,149)。当時に比べると、リーマン・ショック前夜のレポ取引の異常さが伝わります。

ではなぜ、掛け目がゼロから100％へと急騰する極端な事態が発生したのでしょう。担保となっている不動産担保証券の市場評価が急落したからです。レポの貸し手は、保有する担保の時価評価が急落し市場流動性が低下すれば、担保価値下落のリスクをカバーするためにヘアカット率を上げたり、とりっぱぐれがないよう貸出期間をできるだけ短くします。レポの貸し手はリスク負担の増大に対応して、ヘアカットの増大、完全なる資金引き揚げに打って出ます。格付けが急激に引き下げられた金融商品の担保評価も急落するので、貸し手としては当然の対応です。

これは借り手の立場から言えば、借りる金が急減し、さらにはレポ市場から排除されたり、担保として受け入れられない資産が出てくることになります。これでは、同様の種類の資産を保持している者や、資金繰りの余裕のある借り手までもが、評価損をまともに食らいます（信用の3Cの作用）。

こうして資産価格が全般に急落し、レポの借り手全体のバランスシートが悪化します。ここはハゲタカの空売り屋の出番です。このような不安定な状態がベアー・スターンズの倒産直前の2008年3月に広がっていたのです。9月半ばのリーマンも同じでした。短期資金の借入に依存しすぎて売却するのに時間のかかる資産を保有していると、市場の流動性が逼迫した時に短期資金繰りができなくなるのです〈〈Valukas〉1655〈Bernanke ①〉9〉。

●危険がいっぱいの投資銀行の資金調達

投資銀行のレポ形式の資金調達には大きな危険が付きまとうのです。住宅価格の動き次第で担保の資産価格が決定されるので、住宅価格が下落するとレポ取引はいっぺんにノックアウト・パンチを食らいます。すぐに逃げ出す短期資金への過度な依存、しかも自己資本が薄いときてます（持続不能の高レバレッジ））。この点、ガイトナーはうまいことを言っています。まるで生卵を立てたままにしておくようなものであり、一吹きで倒れる、と〈〈Geithner〉324,329〉。この卵の殻も超薄のはずです。

さらに言えば、このヘアカットは金融システム自体をヘアカットしかねません。すなわち、金融システムの凍結です。ヘアカットの増加が銀行システムを支払い不能に追いやる可能性があるのです。レポ市場の規模は10兆ドルとすると、投資銀行はヘアカットがゼロであれば、この10兆ドルをレポ市場で達成できます。しかしヘアカット平均が20％になるとレポの借り手は2兆ドル不足します。このような不足は短期証券ＣＰ発行で埋め合わすことができますが、それは通常の時の話です。危機の時であればＣＰの新規発行は困難です（たとえばＣＰ市場が凍結）。

また、資金繰りのため、保有する資産を売ろうとしても、資産価格が下がっている市場で、売り急げば、資産価格の下方スパイラルが起きます。格付けの引き下げ、価格の下落、担保価値の低下、レポの借り手の支払能力への懸念増大という負の連鎖がスパイラル状に進展します。

大手商業銀行でもオフバランスに大量の証券化商品を抱えていますので、その評価損が膨らむと、その損失で自己資本が食われ、支払い能力を疑われ、負債を大量に引き揚げられます。まさに取り付けです。しかし大手銀行としてもこのような取り付けにあえば対応しようがありません。ヘアカット増大という悪循環の繰り返しで、ひいては銀行システムを支払い不能に追いやる可能性があるのです〈〈Gordon&Metrick〉4〉。

そのすぐ手前の段階にあったのが、2008年3月のベアー・スターンズ破綻事件だったのです。そしてその前兆の現象を見せたのが、2007年8月のBNPパリバ・ショックだったのです。

第3節　危機に瀕する投資銀行が大手商業銀行を巻き添えにするレポ取引――トライパーティー・レポ取引でベアー・スターンズにつきあわされるJPモルガンのジレンマ

●投資銀行のプライムブローカー業務をさらに促進させるトライパーティー・レポ取引の発展

本章第1節で紹介したとおり、ヘッジファンドは投資銀行のプライムブローカー業務を利用すれば、自身は小規模で信用力が低くても、取引相手に安心して取引してもらえます。投資銀行側もこの業務をさらに円滑、拡大したいはずです。そこでプライムブローカー業務に伴うお金の支払い・決済、担保管理を大手商業銀行に託します。これが**トライパーティー・レポ取引**です。本来、投資銀行とヘッジファンドの間のレポ取引（二者間のバイラテラル・レポ取引）を商業銀行が仲立ちするので、三者間のトライパーティ・レポ取引となるのです。大手商業銀行が自身の勘定内で投資銀行のプライムブローカー業務を仲介、決済するわけです。

トライパーティー・レポを担う商業銀行（レポ取引の決済銀行＝クリアリングバンク）は、レポの貸し手、借り手の合意のもと、貸し手の勘定から借り手へお金を回し、借り手の勘定から貸し手に担保を移す業務を代行します。この取引を円滑にするため、決済銀行は次の朝、借り手が新たなレポ借入でお金を入手するまでは借り手に信用を与えておくので、トライパーティー・レポを仲立ちする商業銀行は貸し出しリスクを負います。レポ取引の借り手の投資銀行のために、資金の支払いを立て替えておくからです。日中の取引（intraday）の数時間に貸し手と借り手の仲介を行なう際に信用を与え、借り手が新たなレポ借入で手にしたお金で返済させるのです。カストディアン業務という資産管理が得意な大手商業銀行は、レポ取引における貸し手、借り手間の資金の移動や担保の管理はやりやすいはずです。

ベアー・スターンズのカストディアン銀行はＪＰモルガンでした。同行はトライパーティー・レポにおいて、レポの借り手と貸し手の間で現金と証券の移動、担保評価を行なうのですが、自身が仲立ちしているレポの貸し出し先が危なくなれば、立て替えた金が戻ってこないリスクに直面します。トライパーティー・レポを仲介するＪＰモルガンはベアーの支払い能力が低下し、レポ取引が危なくなると判断すれば、ベアーに対して与えていた日中信用のリスクをカバーしなければなりません。その日の取引中のうちに借り手のベアーがデフォルトするリスクに曝されるからです。

そこでＪＰモルガンはベアーなどレポの貸し出し先が危ないと判断すると、ＭＭＦや他の投資家などのレポの貸し手が借り手に貸していたお金を立て替え返済する代わりに、レポの借り手が担保に出していた証券をレポの貸し手に渡そうとします。

ベアーがレポ借りの更新を断られるようなことになれば、ＪＰモルガンはそれまでにベアーに代わって貸し手に返済していたお金をベアーから回収することができなくなります。その場合、ＪＰモルガンは決済銀行として、ベアーへの貸出を拒否した新たなレポ貸し手に代わって、自身がベアーにレポ貸出を継続して信用リスクを負うのか、それともすでにベアーに対してレポ貸ししていた貸し手に現金を渡す代わりに、ベアーが差し出していた担保を渡すのか、重大な選択を迫られます。しかしレポの貸し手に忌避されるベアーのような投資銀行に対し、レポの貸し手に代わって自身がレポの貸し手になるようなことはしないでしょう。

レポ取引の決済銀行が、レポの貸し手に現金でなく担保を返済するようなことになれば、レポ市場（２００８年ピーク時に2・7兆ドルの規模）は大混乱します。レポ貸し出し側の大手のＭＭＦの場合、現金の代わりに、ほしくもない価値が下落している可能性の高い流動性に問題のある担保を受け取らされるはめになるからです。

実際、ＢＮＰパリバ・ショックの直後の8月15日夕方、そのような事態が起こりかけました。トライパーティー・レポ取引の決済銀行のバンク・オブ・ニューヨーク・メロンはレポ取引の借り手のカントリーワイドが危ないと判断しました。同社がレポ更新による借入ができなくなるかもしれないからです。しかしそうなるとバンク・オブ・ニューヨーク・メロンは同社に貸す金が戻ってこなくなります。それを避けるため、バンク・オブ・ニューヨーク・メロンはカントリーワイドのレポ貸し手に現金の代わりに、レポの貸し手がほしくもない担保を渡そうとします。そうすると他のレポ貸し手も第二、第三のカントリーワイドが出てくると予想し、そのようなことが起こらないよう、カントリーワイドのような危なくなったレポの借り手と関わろうとしなくなります。あるいはトライパーティー・レポで自身の資金が拘束されてしまうことを恐れ、いかなるレポ借り手にも貸そうとしなくなります。これでは2・7兆ドルの規模のトライパーティー・レポ市場に取り付けがおきてしまいます。

レポ取引を仲介するトライパーティーの決済銀行も微妙な立場におかれます。決済銀行は、レポ仲介で自身を貸し出をリスクにさらしたくありません。しかしこれではレポの貸し手もたまりません。レポ取引において貸した現金が戻らず、代わりに担保の証券を受け取らされてしまいます。主なレポ貸し手であるMMFは要求次第返済できる資金があるのがセールスポイントです。常に流動性を保つ必要性があるので、リスクのある、流動性が低くなった長期資産を過剰に保有するわけにいきません。だからいやいや受け取らされた担保の証券をいち早く処分する必要に迫られます。

こうなると金融機関全体に損失計上の大波が押し寄せます。担保資産が投げ売りされ、市場に下降圧力が加わります。担保として絶対の信頼性のあるはずの財務省短期証券（TB）でも売り圧力を受けてしまうのです。ベアー以外の4つの投資銀行も非常にもろい状態なので、ベアーが破綻すると他の投資銀行も取り付けにあい、商業銀行まで巻き込まれます。JPモルガンとバンク・オブ・ヨーク・メロンはレポ決済銀行として、ベアーのような借り手に日中信用を供給し続ければ破滅的な損失を被るのです。みながお互いの取引を制限するでしょう。これも実質、取り付けです〈Geithner〉189-191、832-3〈Bernanke ②〉1901〈Paulson〉99〈Ball〉22,〈FCIC〉295〉。

そこでニューヨーク連銀はこのような事態が起こるのを回避するため、トライパーティーの決済を担うカストディアン銀行の説得に務めます。バンク・オブ・ニューヨーク・メロンがカントリーワイドに担保を積み増しさせ、トライパーティーを続けることになったのです。幸い、レポの借り手のカントリーワイドには自らを救う手段が残っていました。銀行のコンソーシアムから115億ドルのクレジットライン（与信枠）を引き出せる契約をしていました。クレジットラインがまさかの時の流動性確保になるのです。またバンク・オブ・アメリカが同社を買収することでひとまず不安は収まります〈Paulson〉60,72-3〈FCIC〉250〈Geithner〉186-7,193〉。

第４節　市場から見放され金が尽きたベアー・スターンズ――信用があっという間になくなる恐怖

●レポ取引に対するＭＭＦの不安の再燃――ＭＭＦのベアーからの逃避

しかしＭＭＦはベアーに対しては、警戒し続けます。ベアーの中で傑出した債権者はＭＭＦでした。ＭＭＦは本来、安全、確実な資金運用をするファンドであり、貸し出しも慎重です。レポ取引は安全であるはずです。担保があるからです。しかしＭＭＦにとって、レポ取引の返済が現金でなく担保で行なわれる場合、ＭＭＦはこれを処分しなければなりません。ＭＭＦは銀行預金よりも高い利回り、しかも即時引き出し可能が売りのファンドですので、十分な流動性を維持する必要があるからです。ベアーのレポ担保の三分の一は不動産担保証券です。ベアーがとん挫すれば、ベアーの貸し手はその担保を処分しなければなりません。

この点は前の節で、トライパーティー・レポ取引を仲介するＪＰモルガンなどカストディアン銀行のジレンマとして紹介しておきました。いずれにしろ担保が処分されれば、証券価値を押し下げ、資産価格の下方スパイラルが激化します。ＭＭＦはこれを避けるためにはベアーとのレポ取引を止めるのが一番です。しかしこれではベアーは破綻してしまいます。またベアー破産手続きになると他の多くの債権者の資金も釘付けされてしまいます。さらにベアーのデリバティブのカウンターパーティはその複雑な契約を清算するとなると大混乱が起こります。ベアーのデリバティブ相手も自身の資産のリスクが拡大するので、新たなヘッジのために殺到します。レポ取引ばかりでなくデリバティブでも取り付けが起きかねません（このＭＭＦがパニックに陥ったのがリーマン・ショック）。実際、ベアーから多くのお金が引き出されたのです。単に我先に一番速く引き出すために（〈Paulson〉99-100〈Bernanke ②〉215-6〈Geithner〉226,229-30）。

図４　ＭＭＦは金融市場への重要な資金源

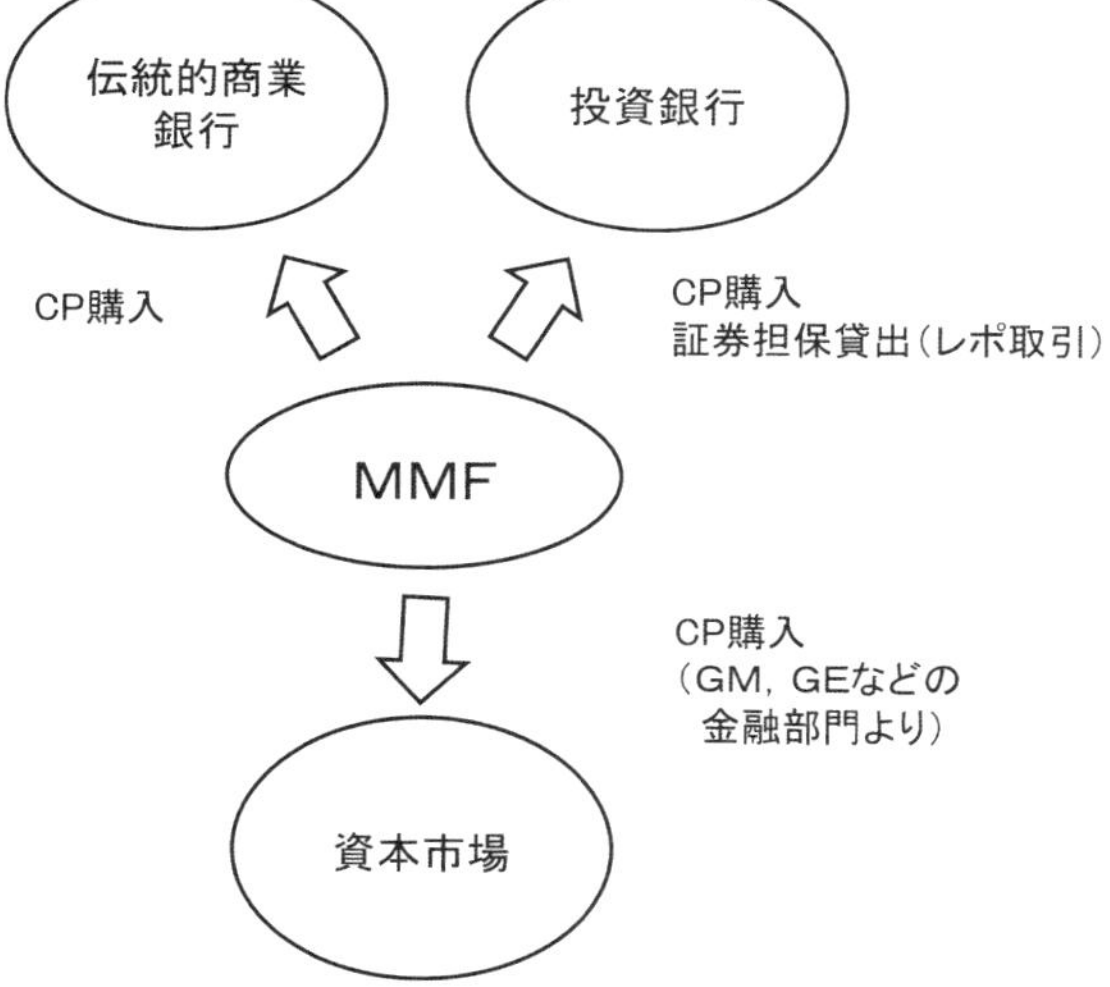

●十分にあったはずの流動性があっという間になくなったベアー・スターンズ

２００７年３月11日（火）の時点、ベアーはおよそ１８０億ドルの現金準備保有していましたが、12日の終わりに１２０億ドルへと下落し、13日には同社の流動性の流出はいよいよ深刻になり始めていました。ヘッジファンドや他のブローカー顧客はベアーから資金を引き揚げ始めており、普段はベアーとデリバティブをしていた会社も取引を断るようになります。ベアーがいよいよ危ないと感じたレポ貸し手はレポ貸し出しを更新しない準備にとりかかり、最も安全なはずの財務省証券であっても担保として受け入れるのを断るようになりました。同社はその日を20億ドルの現金で終えました。しかし次の日にそれも確実になくなります。そこでベアーはその日の夕方、レポ貸し手の仲介をしてくれていた決済銀行ＪＰモルガンへ金曜日にも営業できるようにローンを求めました。〈Bernanke ②〉212)。

これは流動性の問題がいかに恐ろしいかを伝えるものです。実はベアーは破綻数日前までは十分の資金調達できていたのです。３月初旬、ベアーには現金と高い流動性の資産の流動性プールがあり、米国証券取引委員会（ＳＥＣ）はベアーの流動性ポジションは深刻な問題でないとみていました。流動性プールは3月3日の週、１８０-２００億ドルの範囲であり、3月10日の月曜日もなお１８０億ドルもあったのです。ところがそれから数日間にベアーの信認がガタ落ちし、ひどい取り付けにあいます。ベアーがスポンサーとなっていたオフバランス機関が発行する不動産担保証券が格下げされたことが切っかけです。これでベアーの取引相手はレポ更新を断ったり、ヘアカットを大幅に引き上げたり、デリバティブ取引の追加担保を請求したので、3月13日木曜日、ベアーの流動性プールは20億ドルに落ちました。しかも、レポ更新されない分が１４０億ドル出てきますので、その分に対してベアーは手持ちの現金では返済はできなくなります。そこでＳＥＣに翌日の14日の金曜日には平常に取引できなくなると伝えました〈Ball〉23-4)。

しかし生き残る手がありました。約３００億ドルの不動産をカストディアンのＪＰモルガンに買ってもらえれば、資金繰りがつきます。またベアーの資産を担保にＪＰモルガンがＦｅｄからお金を借りればよいはずです。しかしＪＰモルガンはベアの保有資産の評価には時間がかかると結論し、Ｆｅｄの援助なしにはベアーには貸せないという立場でした。したがってＪＰモルガンを通じてベアーに供給されるＦｅｄのローンはノンリコースとなりました。つまり、ベアーが払えなくなれば、ＪＰモルガンもＦｅｄに払わなくてよいのです。Ｆｅｄは3月14日（金）、ＪＰモルガンを通じベアーに１２９億ドル融資します（3月17日、翌営業日に元利金額返済）。Ｆｅｄはベアーから逃げていくレポの貸し手に取って代わり、レポ貸し手となったのです（〈Bernanke②〉214）。

結局3月16日、ＪＰモルガンによるベアー買収が決定されましたが、その際もＦｅｄの保証が条件となっています。買収の際、ベアーの一部資産受け取りを拒否できるのです。拒否されたベアーの不動産はニューヨーク連銀とＪＰモルガンが資金を出しているペーパーカンパニー（Maiden Lane I）に引き取られました。その買い取り資金はＦｅｄからの２９０億ドルのローン（３００億ドルの担保を元に）とモルガンからの10億ドルの劣後ローンです。モルガンにとっては実に良い条件の買収でした。しかしベアーを救済して金融市場の破壊を逃れるには、これしかありません。Ｆｅｄは連邦準備法 Section 13（3）条項の「尋常ならぬ急迫した状況」（〝unusual and exigent circumstances〟）の宝刀を抜いたのです。最終的にはこのＦｅｄはこのローンで利益をつけて全額回収できましたが（〈Ball〉26）〈伊豆〉44-45）。

●金融システム崩壊を阻止するためのベアー・スターンズの救済――〝大きすぎてつぶせない〟は〝つながりすぎてつぶせない〟へシフト

ベアーは当時、5大投資銀行の中では最小であり、規模それ自体はそれほど大きくありませんでした（米国の最大級の金融機関では17番目）。しかし問題はその規模でなく、その過大なレバレッジ（1ドルの資本に33ドルの借り入れという比率）と取引相手がたいへん多かったことです。つながりすぎてつぶせないという話です。ベアーはトライパーティレポ市場で約８００億ドル借りており、世界中の５千ものカウンターパーティと取引し、また75万もの契約残高がありました。したがってベアーが倒れると、取引相手がローンや担保の回収へと殺到します。大規模な取り付けが起こるのです。ベアーは最大級の商業銀行に比べれば大きくないので、大きすぎてつぶせないという話でなく、つながりすぎていてつぶせないという問題だったのです（〈Bernanke ②〉215-6〈Geithner〉230〈Paulson〉99-100）。

もしベアーが破綻すると、レポ市場全体が崩壊し、金融市場で信用が凍り付き、資産価格が急落します。他の投資銀行も取り付けにあいます。ベアーと同様、他の４つの投資銀行も非常にもろい状態だったのです。ベアーの破綻を放置すれば、経済全体への影響も破滅的になる。これが当時のＦｅｄ議長バーナンキが一番恐れていたことです。前年２００７年8月にカントリーワイドの件でＦｅｄが直面した以上に、投資銀行への取り付けのリスクが大きくなっていたのです（〈Bernanke ②〉216〈Geithner〉226,229-30, 832-3〈Paulson〉99）。

他の投資銀行もベアーと同様の問題を抱えていました。怖いのは、市場が他の投資銀行もベアーと同じように脆弱であると判断した時のことです。ベアー以外の４つの投資銀行も、レポ借入総体に対して直ちに引き揚げられる借入比率が高く、取引相手はベアー以外の投資銀行からも資金を引き揚げたり、レポ更新を断るという取り付けが起きかねないのです。

ベアーが破綻した一つの理由は市場からの信頼性を失ったことです。ゴールドマンサックスがベアーをデリバティブ取引相手として断ったことが災いしたのです。銀行や投資銀行の最も重要な資産は信用に対する評判です。その評判は、金を信頼して預ける顧客と債権者にかかっているのに、預かっている資金はいつでも引き揚げられかねない短期資金です。これに依存しすぎると資金調達が行き詰まりやすいのです。ベアーと同様な脆弱性をさらけ出している投資銀行に取り付けが起これば、恐怖と不確実性の連鎖が生じこれがシステム全体を危機に追いやってしまう可能性があるのです。(〈FCIC〉288,296-7,300〈Geithner〉230,516)。

第5節　一大レポ・ディーラーに変身したFed——金融機関の救済には何でもありの出発点

●市場が拒否した資産を担保に受け入れるFed

そこでFedがレポ市場を支える措置を講じます。Fedが投資銀行に代わってレポ取引を代行するのです。2008年3月11日にはこれまでにない最強の措置がとられます(TSLF：the Term Securities Lending Facility の導入)。Fedは商業銀行ばかりでなく、政府証券を引き受ける大型投資銀行などのプライマリーディーラーに財務省証券を貸し出し、連邦準備機関債やトリプルA不動産担保証券を担保にとる便宜を供与したのです。投資銀行の側からみれば、誰も買いたくない証券を担保としてFedから財務証券を借り入れて、これを担保にして資金繰りをつけようとしたわけです。

このような措置をとったのはベアーの窮状が深刻だったからです。ヘッジファンドや他のブローカー顧客はベアーから資金を引き揚げ始め、デリバティブの取引相手もベアーとの取引を断るようになりました。貸し手はベアーとのレポ更新を止める準備もしていました。これは一種の取り付けです。レポ貸し手はベアーがすぐにくたばるかもしれない不安に駆られ、最も安全な財務省証券でもベアーから担保を受け入れようとしなくなったのです。

他の投資銀行もＴＳＬＦだけでは資金繰りができなくなります。そこでＦｅｄはベアー破綻の日曜日、ＰＤＣＦ（Primary Dealer Credit Facility）を発表します。これはＴＳＬＦとは違い、Ｆｅｄが財務省証券でなく直接現金を貸す仕組みです。ＰＤＣＦ導入は困難にある投資銀行にはまさに恵みの雨です。ＰＤＣＦ方式の場合、投資銀行へのレポ取引を警戒するＪＰモルガン、バンク・オブ・ニューヨーク・メロンに代わってＦｅｄがトライパーティー・レポ取引を引き受けるので、投資銀行は資金繰りがつくからです。預金機関に貸し出すこととほぼ同じです。これでＦｅｄは一夜にしてレポ決済銀行になります。オーバーナイトの資金を供給するトライパーティを引き受けるからです。しかも、民間のトライパーティで受け入れられない債券でも受け入れます。これがあれば、投資銀行は他の貸し手にお金を返せます．もちろん、リスクはＦｅｄが背負い込みます（〈FCIC〉294）。

●レポ市場の崩壊を防いだＦｅｄのＰＤＣＦ

ベアーの首脳（ジミー・ケイン）は悔しがりました。ＰＤＣＦの導入はベアーの破綻より〝たった45分〟遅かっただけだからです。それはともかくも、ＭＭＦやその他の貸し手が投資銀行に資金を出さなくなった時、ＰＤＣＦを通じＦｅｄがレポ貸し手になるのです。当初、このローンはオーバーナイトでしたが、後に貸し出し期間28日にまで延長されました。これで市場は沈静化するはずでしたが、当初はそうなりませんでした。市場はＦｅｄがそのような処置をとるのは最悪の状況にあるからだと勘ぐっていたからです〈Paulson〉91-2〈FCIC〉294,296,608〉。

さらにＰＤＣＦには別の問題もあります。担保の評価がゆるゆるだったのです（リーマンの担保の扱いとは真逆。これについては第8章2、3節参照）。3月17日、辛口のコメントで知られる異才のビイター（シティバンクのチーフエコノミスト）は、担保が過大評価されていると指摘し、担保がしっかりと値が確かめられる流動性のある市場はないのだから、Ｆｅｄは自身でオークションをアレンジして適正な価格を見つけるべきなのに、そうしていない。これでは屑を黄金の値で提供させるよう招待状を出すようなものだというのです。かなり厳しいコメントですが、これもリーマン恐慌の時に比べれば甘いのです。なぜなら、リーマン危機の時、ＰＤＣＦには格付けのない証券を含み、トライパーティで取引されていた証券は全て担保適格扱いされています。

第6節　伝統市場と非伝統市場の壁を取っ払い、金融システムのセーフティネットを広げたＦｅｄ

●まさかの時に頼りにならないレポ取引の資金調達の限界を解消

当時、レポ市場の規模はおよそ12兆ドルです（貸し手、借り手に二重計算の可能性も）。一方、全米の銀行システムの資産は10兆ドルです。米国のトップ10の投資銀行は資産の半分をレポ市場でファイナンスし、また彼らの顧客のオフバランスシートのファイナンスにも関わっていました。規制を受けない投資銀行のほうが、規制された伝統的銀行よりもレポ取引に対する依存度が高いのです。投資銀行はこのレポ取引の活用をふやしたので、投資銀行の資産と銀行の資産の比率は

1990年の約6：100が、2007年には30：100となります（これがピーク）。投資銀行のレバレッジの積極さが見て取れます（〈Gordon&Metrick〉10）。

改めて確認しますが、このレポ金融では大きな弱点があります。担保はヘアカットされて時価評価されているので、危機がひとたび始まるとこの担保価値への不安が高まります。レポの貸し手は現金の代わりに担保を受け取らされる危険もあります。受け取らされた担保は金融市場が逼迫する流動性の低い市場では投げ売りするしかありません。だから、貸し手はヘアカット率を上げます。当然、十分な資金調達のない借り手の資金は減少します。しかも借り手は、担保として頼む資産も急落しています。これは同様の種類の資産保持者にも影響します。

さらに状況が悪化すると、借り手は担保も拒否されたり、レポ市場から排除されたりします。特に担保となっている金融商品の多くは、不動産担保証券が幾重にも証券化された複雑な仕組債なので、多くの資本市場参加者の間にリスクが拡散するのを可能にしても、リスクが最終的にどこに落ち着くのかに関する情報が定まらなくなります。これがBNPパリバ・ショックで起きた現象でした。パニックの時は誰も取引したくない。市場が消えたのです（〈Gordon〉3-4,65）。

このまさかの時に頼りにならないのがレポ取引に深く依存していたのがサブプライム証券化市場だったのです。そこには薄い資本、高レバレッジ、すぐに引き揚げられるオーバーナイト資金の借り入れ、非流動的な不動産証券市場の金融商品が担保になっているなど、金融システムの構造的脆弱性が凝縮されていたのです（〈FCIC〉292）。

ＰＤＣＦは安全網の中にある商業銀行とその網の外にある多くの金融業との差を埋めました。それまでは、投資銀行は商業銀行と異なり、預金保険に守られた安定的な資金調達基盤はなかったのです。この処置で伝統的銀行と影の間の不均衡もある程度解消されます。

●過大なリスクを抱える影の銀行（シャドーバンク）への関与を深めていた伝統的商業銀行

金融危機が起こる２００７年までに**影の銀行**（シャドーバンク）の規模は伝統的商業部門の規模を超えました。影の銀行が仲介する信用の額は20兆ドルに近づき、伝統的商業銀行部門の仲介する信用の額11兆ドルのほぼ二倍の規模に膨らんだのです。これが「大いなる安定の時代」（great moderation）の状況でした。

この影の銀行は伝統的商業銀行部門のような規制を受けません。氷山の表面からは見えない水中奥深くで、規制を受けないままに金融システムの半分以上の規模に膨張したのです。影の銀行の構成要因は、数兆ドルのレポ貸し出し、オフバランス機関、あるいは店頭デリバティブ取引です。銀行のように短期借り、長期貸しの業務をしていますが、Ｆｅｄの監視対象外です。中央銀行のセーフティネット（最後の貸し手としての流動性供給防護）もない。銀行に課せられる資本比率要件やリスク制限その他の安全網もない。リスクを制限するよう規制もない。銀行取り付けを押さえるべきはずの預金保険もないので、取り付けが起きやすい。しかも取り付けに直面しても、Ｆｅｄの割引便宜のアクセスもないのです（〈Geithner〉124）。

一方、金融革新で金融機関のリスク管理は進化しているはずでした。リスクの分散化や多様化の利点が喧伝されていました。しかしそれは適正な監視・管理の体制もない、過小資本で過剰リスクを抱える影の銀行を発展させただけでした。金融システムに深刻なリスクを抱えていた店頭デリバティブ取引も最大級の銀行や投資銀行に集中していました。大きいがゆえにほかの金融機関とのつながりも深い。にもかかわらず、店頭デリバティブ取引という非規制の市場に関しても、金融当局は適正に監視する必要な情報がなく、ＡＩＧ破綻が示すとおり（第6章）、リスクは一番見えにくい、一番監視の弱い環に集中する事態となりました。リスク監視体制は金融革新に対して追いついていなかったのです。

しかも伝統的銀行業務とリスクを過大に抱える影の銀行の機関の相互関連性が深まってしまいました。サブプライムローンの証券化が典型のように、伝統的商業銀行がオフバランスで影の銀行をどんどん立ち上げていたのです。

銀行は自身のリスクの管理の責任を負うのは当然ですが、実際には他行と深く絡まっており、伝統的銀行は預金保険でカバーされていても、投資銀行やＭＭＦなど影の銀行は預金保険でカバーされていません。しかもオフバランスやデリバティブ取引があり、取引相手が一体どれだけリスクを負っているのかわかりません。

このように影の銀行は規制外だったのです。世界的に水面下で金融膨張が異常に進行していたのに、世界レベルでの適切な監視規制機関もありません。世界の金融システムは蜘蛛の巣のように緊密に絡み合っており、個々の金融機関がどれだけお互いに依存しているのか、あるいはその絡みがどれだけ危うくなっているのか、誰も詳しい情報を得られなくなりました（〈Geithner〉124〈Brown〉19,84,88-89〈FCIC〉300,308）。その最初の現れが２００７年8月のＢＮＰパリバ事件です。

このような流れの中で、ステルス型の取り付けの土壌が育まれていたのです。そして伝統的銀行業務と影の銀行の相互関連の深まりを示すのが信用の３Ｃの凶器でした。これに対し、Ｆｅｄはｐｄｃｆを通して金融のセーフティネットを拡大し、その網の目も細かくする必要に迫られたのです。

●2008年のベアー・スターンズ事件が流動性の概念を大転換

２００８年のベアー・スターンズ事件が教えてくれたことを確認しましょう。**比較的優良な資産を担保にしていても金融危機の時には当てにならない**ということです。信用が動揺すると、流動性は一瞬にして蒸発します。ベアーはまず、取引相手から無担保取引を敬遠され（CP市場からの排除）、その穴をうめるべく有担保取引への依存をますます強めますが、その肝心の担保は質の劣る流動性の低い資産が主要となってしまいます。これでベアー自体が信用されなくなり、高い質の担保であっても担保金融を拒否されるようになったのです。

投資銀行はひとたび信用を失うと、流動性が一瞬にして枯渇してしまいます。このベアーの経験こそが、世界の金融市場に対し、流動性の尺度について大幅な見直しを迫ります。SEC元委員長のコックス曰く（2008年3月28日）。ベアーの事件は「従来市場に関し広く共有されていた想定をぶちこわした」（〈Valukas〉1489,1657）。

ベアーの死の前までSECには、投資銀行がレポ取引のような証券担保市場のアクセスを失うことは考えられなかったのです。投資銀行は流動性危機と資金調達危機が最も重要であると考えるようになっていましたが、無担保CPへの依存を減らしても、レポ借入期間を拡張し、財務省証券のような優良な担保をもっておれば、レポ取引で十分に資金調達できると想定していた、その「想定」がぶちこわされたのです（〈FCIC〉298）。

●ベアー・スターンズ破綻の処理の後の金融市場の小休止

ベアーの緊張の後、金融市場は落ち着きを取り戻し始めました。大商業銀行や投資銀行は6月末までに新規資本を1400億ドルを調達し、市場に好印象を与え、資金調達の状況は改善しました。

3月下旬には370億ドルを超えていたPDCFも7月始めまでにはゼロになりました。PDCFの便宜は2010年2月1日に終了します。金利を付けて全て返済されました。ダウ平均株価も5月には、1万3058ドルとなっています〈〈Bernanke ②〉223〈FCIC〉292, 295-6〈MacDonald〉23-24〉。BNPパリバ・ショックが起きたちょうど2カ月後の07年10月9日当時の高値（1万4146ドル）の8％下にすぎません。しかしこのショックの2カ月後も市場は危機の深さを感じ取れなかったことも事実ですが。

いずれにしろ、バーナンキは6月5日に演説します。「現時点では、サブプライム市場の問題が経済や金融システムに深刻な形で広範囲に拡がる様子はないようです」〈〈Sorkin〉89〉。また、8月22日のジャクソンホール会議でも、自信たっぷりに断言しました。「われわれは世界大恐慌と日本の失われた10年から非常に多くを学んできましたから、米国ではそのいずれも起きないでしょう」、と。これには周りの人々は驚いたそうです〈〈Sorkin〉223〉。**バーナンキ自身も自分の発言に驚くことになります。それは9月のリーマン・ショックです。**

たしかにそのように発言していたとしても無理もないかもしれません。サブプライム市場の規模は住宅市場全体の14兆ドルのほんの一部の2兆ドルであり、この市場のデフォルトが金融システム全体を破壊するほど高くなるとは予想していなかったのでしょう。実際、2007年に問題が発生した時も、住宅金融会社の問題に限られるとの理解が大半でした。これは、2007年3月、下院の合同経済委員会におけるバーナンキ議長の発言にもみてとれます。「サブプライム市場の問題が他の広い範囲の経済や金融市場に及ぼす衝撃は押さえ込まれているようです」(〈Sorkin〉5)。

第4章　米国住宅金融公社に巨額の公的資金（バズーカ砲）を投入したわけ

住宅市場崩壊防止の最後の後ろ盾

第1節　大きくてつぶせない――政府の住宅政策の支柱の住宅2公社

●景気刺激に欠かせない持ち家保有の促進

大恐慌の時、ファニーメイは住宅保有者の数を増やすための政府機関として創設され（1938年）、50年代も政府運営機関として機能し続けますが、1968年、時のジョンソン大統領から株式会社に転化されました（フレディマックは1989年）。すでにある金融機関のネットワークの溝をうめるためというのが表向きの理由です。実際にはファニーメイの業務が増大しすぎたので、その業務を政府の帳簿から切り離す必要があったのです（だから株式会社化）。

その後も両公社は、低、中所得者、マイノリティの住宅貸付担保を買うよう、政府から奨励されます。政府の融資保険の対象とならない住宅ローンを購入し、住宅不動産へ安定的な資金を供給するのです。そのため、両社は法的には民間の株式会社であっても、政府の住宅政策の支柱なので、全ての州の地方税を免除され、財務省からのクレジットライン（緊急の資金供給・与信枠）の便宜もありました。

この公社は民間の金融機関からプライムローンなど一定の担保適確融資を購入し、これをプールして不動産担保証券を組成し、これの元利支払を保証して売ります。この元利支払保証と引き替えに手数料を受け取ります。また買い取った不動産担保の一部を保有したり，また自らが発行した不動産担保証券も資産として保有しておきます〈《米倉①》4-10〈Paulson〉5〈McDonald〉236,〈Foote,Gerardi,&Willen〉181〉。住宅金融公社はその資金調達のために債券を発行します（政府機関債）。

この2公社はGSE（Government Sponsored Enterprise）と呼ばれます。連邦政府がスポンサーとなっている機関だからです。世界の投資家は両公社は財務省から全面的に保証されていると思いますが、実際にはそうではありません。クリントン、ブッシュ政権のいずれも保証のないことを強調しましたが、投資家は2公社には政府の「暗黙の支払保証」があると信じ続けます。この効果は絶大です。この機関債は米国国債よりも高利回りであり、米国政府の暗黙の支払保証があるトリプルAの格付け金融商品でした。だからこの機関債は米国国内ばかりでなく外国にも広く売られます〈《Paulson》56〉

両公社は低い借入コストと高い利回りで大きなの利ざやを享受し、巨額の利益を出します。政府の暗黙の保証のせいで資金調達コストは安上がり。その一方、貸出金利は商業ベースなのです。両公社はこの安く手にした資金で何千億ドルもの不動産担保証券を買い、保有するので、プライム層の住宅購入が進みます。銀行は償還に何十年もかかる住宅ローンを住宅金融公社に売ればローンをすぐに回収できるばかりでなく、その取得金を再び住宅ローンに運用できるわけです。9・11テロ事件の後、米国の経済が急激に落ち込まなかったのはこの住宅建設が促進されたためです。しかし住宅ブームが長く深く米国経済に浸透するためにはプライム層の住宅購入だけでは不十分です。信用力の低いサブプライム層もローンで住宅を買えるよう工夫しないと住宅ブームは長続きしません。したがって信用力の低い人にも住宅を購入できる手法を考案する必要があります。こうしてサブプライムローンが普及するようになります。住宅金融公社は当初はサブプライムローンを購入はしませんでしたが、民間の銀行からプライムローンをどんどん買えば、民間の銀行は住宅ローンの資金源が豊富になります。それがサブプライムローンにも回されるわけです。これで個人は住宅を建てるための資金を借りやすくなるわけです。

●住宅不動産金融の膨張の立役者を果敢に批判していたグリーンスパン元Ｆｅｄ議長

両公社はその利益をロビー活動や政治献金に費やしました。この両社の機能は、住宅建設業者、不動産業者、ウオール街の投資銀行と政治家など、多くの方面に気に入られました。両社のロビイスト活動は左派、右派に幅広く浸透し、有力大学にも多額の寄付をしています。票かせぎに熱心な議員は地元選挙区の住宅計画を支援するよう両社に働きかけました。両公社のおかげで、多くの人が経済の不確実性の時代にも家を買うのが可能になります。両社は住宅保有者増加という国策を担うので、いろいろ特典がありました。法律で過剰なレバリッジを許容され、あり得る損失に対し薄い資本だけ保持すればよいのです（〈Gordon〉8）。こうして両社はビジネスを拡大し、その規模は米国経済、あるいは米国財務省から見ても度はずれたものになりました。

注目すべきは、グリーンスパンはこの両社の統制のために強力に声を上げたことです。両公社は膨張したバランスシートをヘッジするため巨額のデリバティブを使用します。金利ヘッジの過程で創出された収益の変動を均すために不明な会計操作をしていました。グリーンスパンはこの点を批判しましたが、ワシントン政府に大きな影響力を持つ両社はこの批判をかき消します。2公社は政治家とうまく利害が一致しており、政治家の影響力に頼り、2003‐06年の一連の会計不祥事ももみ消すことができました。おかげで収益過大報告が同社の首脳にとてつもないボーナスになりました〈Bernanke②〉228〉。ちなみに、ファニーメイの社長の2007年の報酬は1221万7500ドル。ブッシュ大統領の報酬は40万ドル〈米倉①〉161-2〈Greenspan〉241-2〉。議会と2公社が癒着するのには、そもそも設立当初からわかっていたのです。だから、**政府は2公社をつぶすわけにはいかなかった**のです。

第2節　低迷する不動産担保証券市場のつっかえ棒となる2公社

●住宅金融市場が低迷するとますます役割が大きくなる2公社

住宅価格の下落でローンの支払い延期、不履行が増加し、両社にとって二重の打撃を受けます。両公社は不動産担保証券市場にファイナンスし続けたので、バランスシートに保有していたモーゲッジの価格が下落し、両社が保証していたモーゲッジの損失も膨張しました。ところが暗黙の保証があり、外国の中央銀行やソブリンウェルスファンド（産油国などの）は両社の不動産担保証券を買い増ししていました。2008年、中国はGSEの不動産担保証券を保有していました（7000億ドル以上）。米国長期国債の保有よりも多かったのです。

2008年夏、両社は米国の不動産残高のおよそ半分の5・5兆ドルを保有あるいは保証していました。住宅ブームが破裂して民間部門の競争が事実上なくなっていたので、両社の機能はますます不可欠になりました〈Bernanke②〉229-31〉。すなわち、「流動性危機を防ぐことが優先される」（FT2008年7月15日）のです。財務省は、誰も市場で買わない時にはこの2公社がローンと証券の保証、購入を行ない、不動産担保証券市場へ流動性を供給し続けるべきであると主張していたのです。

ポールソン財務長官は2007年夏、住宅市場の下落を抑え、差し押さえを防ぎ、不動産担保証券市場の資金繰りをつけるためにこそこの2公社があると説明しています。これは民間が負いたくない損失を負うことです。住宅不動産担保市場を生かし続けるために不可欠な措置なのでしょう。ところが、この両公社は紙のように薄い資本と過大なレバリッジで業務を膨らましていました。両社の資本は銀行が受けるような規制もなかったのです。**金融システムにおける典型的なモラルハザードがたたった**のです（〈Geithner〉129,150,259〈FCIC〉310,323）。

当初、2公社が不動産担保証券を受け入れる基準は民間のそれに比べると低くなく、両社は高い質のモーゲッジしか入手しないはずでした。両社はオリジネーターから直接にサブプライムなど質の悪いモーゲッジ購入は許可されていなかったのです。しかしその後、民間の不動産担保証券との競争が激化し、受け入れ基準も劣化し、終にはサブプライムやそのほかの質の劣るモーゲッジを含む民間の不動産担保証券を買い、保有するようになったのです。この2公社は民間の低い質の証券（2004‐06年を通じて発行）の発行額1・6兆ドルの3分の1を買ったとの推計もあります。しかし資本緩衝が薄いので、全国的な住宅ブームの破裂で両社はひとたまりもありません（〈Bernanke ②〉230〈Geithner〉259-60）。

●世界の投資家の不安解消のためにもつぶすわけにもいかない両公社

しかし両社を崩壊させるわけにいきません。両社が発行、あるいは保証している債券は5兆ドル以上あり、投資家も、米国住宅市場、金融市場全般、そして経済への打撃の恐れから、政府が両社を倒産させるはずがないと想定して両社の債券を購入しています。ですから、市場が想定する暗黙の後ろ盾は実際にはないのですが、政府も両社をつぶさせるわけにもいかなかったのです（〈Paulson〉147〈Geithner〉129〈Bernanke ②〉227-8）。

そこで政府は債務超過に陥った両社に資本注入します。９月７日、両公社は国有化され、政府管轄下におかれます。しかし国有化といっても、私企業の形は維持します。もちろん、放漫な経営をし続け、最後には政府の資本注入を受けた企業の幹部はゴールデンパラシュートなしの退陣です。そのような企業の幹部が高額の退職金をもって退陣するなど納税者にはもってのほかのはずです（しかしＡＩＧの場合、納税者には信じられないことが起こる）。

財務省は両機関の優先株を購入し、普通株の79・９％を購入する権利（株式購入券）も確保します。これで政府は両社保有の担保証券と債券の元本価値を保証します。両社のデフォルト危機を緩和させ、住宅金融コストを低くするためでもあります。これは、住宅市場が実質上凍結した状況においては、絶対不可欠の措置です。これで住宅金融コストが低くなり、借換えコストの低下で住宅保有者は一種の減税を享受したのです。

さらに財務省は2公社に対する信用供与枠（Ｆｅｄがクレジットラインを設定）を２００９年末まで確保し、２公社が組成・保証する不動産担保証券も購入します（２００９年末まで）。その購入額自体は大きくないのですが、この購入が不動産担保証券市場を底上げするアナウンスメント効果を期待したのです〈〈Geithner〉262〈Sorkin〉231〈篠原〉77-78,46〈岩田〉113〉。

これらの一連の処置により、市場には安心感が広まり、Ｆｅｄのクレジットラインも動員されずにすみました。両社は米国政府の管理下におかれたまま、住宅市場を支持し続ける決定的な役割を維持し続けたのです。余談ですが、米国政府は日本政府にも支援を依頼してきます。９月７日（日）、米国の財務省マコーミック次官は電話で、ＧＳＥ保証の不動産担保証券を外貨準備の中に購入するよう依頼しました。米国はＧＳＥ救済策としてＧＳＥ保証の不動産担保証券を購入しており、日本にもサポート依頼したのですが、結局、購入せずに済みました〈〈Darling〉114〈Bernanke ②〉231,246-47〈篠原〉77-8,81〉。

●Ｆｅｄの金融の量的緩和（ＱＥ）は両公社のてこ入れも狙い

金融危機終了後も両社には決定的な措置を受けます。これは景気を恐慌から回復に向かわせる決定打です。それはＦｅｄのＱＥです。その目的の一つは両社の債券を下支えし、長期金利の低下を促して住宅金融市場を復活させることだったのです。２００９年３月18日、Ｆｅｄは両公社などＧＳＥが保証した不動産担保証券の保有を１・25兆へと増加（７５００億ドルの増加）。また両社が不動産担保証券を保有し続けることができるよう、両社発行の社債を買い入れ１０００億から２０００億へと倍増。国債の購入と合わせて、長期金利の低下を促します。ＱＥ３でも金利が下がれば、不動産担保証券を大量に保有する両社の財務も改善するからです。長期両社の保証する不動産担保証券を月あたり４００億ドル購入しました。市場に対し、低金利は長い間続くという信認を植え付け定着させるためです〈〈Bernanke ②〉420,469,531-3〉。

一連のＱＥにより、Ｆｅｄが不動産担保証券を買い、バランスシートを拡大させてきたのは、レポ市場から望まれない資産を引き取るためでもあります。これにより中央銀行は金融緩和の効果を円滑に浸透させ、市場に流動性を保ち、凍結状態にあった不動産担保証券市場などの機能を回復させたのです（〈Cohen & Remolona〉8)。こうして一連のＱＥで市場は落ち着き、両社は２０１３年11月７日、米財務省に多額の配当金を支払う見通しを発表できました。通算した配当支払額は５年前に国有化されて以来受け取った公的資金にかなり近づいたのです。

第5章　公的資金が投入されず破綻に追いやられたリーマン

公的資本の注入を受けた住宅金融公社、AIGとの明暗

第1節　リーマンを抹殺した流動性の枯渇

●破綻前のリーマンの流動性不足の状況

２００８年6月25日、規制当局のストレステストで、リーマン・ブラザーズは現在５４０億ドルある流動性プールでは足りず、さらに１５０億ドルが必要であると判断されました。それまでのリーマンは、証券化市場は悪化する中、逆張りの戦略を実施していました。リーマンは流動性の劣る資産を増やすばかりでなく不動産資産も増加させました。２００７年7月のドイツのＩＫＢと同じです。バランスシートを膨らまし、レバリッジ率は２００６年の会計年度の14・5倍が２００７年末には16・1倍になりました。さすがにその後、レバリッジを減らす必要性は認め始めましたが、２００８年第３四半期の初めには近い将来、市場の信認をかなり失うことを知っていたそうです。レポ市場を通じたより流動性の劣る資産でも資金調達できなくなるからです〈〈Valukas〉1646-7,1653〈FCIC〉328,326〉。

リーマンの場合、２００８年4月の頃まで資本は約２５０億ドル、資産はおよそ７０００億ドルでしたが、その主な資産は長期資産であり、債務は主に短期でした。同社は短期レポで資金繰

りし、業務を維持するためには、毎日取引相手から数100億ドル、あるいは数1000億ドルを借りなければならず、2008年には1日2000億ドル以上も短期レポ市場の資金に依存していたのです。したがってまさかの時の信認維持が不可欠のはずです。レポ取引においてカウンターパーティーが信認をなくし、レポ取引の更新を拒否すれば、リーマンは資金繰りができなくなり業務継続が不能となってしまいます〈Valukas〉4)。

ところが、銀行家の間では、リーマンの不動産関連資産は2倍近くも過大評価されており、適正に評価しなおせばリーマンの資本は消失すると見られていました。リーマンの公表資本280億ドルでしたが、投げ売りが激しくなるとリーマンの資産価値は公表分の半分以下になります。保有資産は高いレバレッジに依存しており、その多くは短期金融のものです。だから大量の取り付けが起これば、リーマンは資産を投げ売りせざるを得ず、その資本は一夜にして浸食されてしまうのです〈FCIC〉324-5)。

⓾つかむわらもなくなったリーマン

リーマンは最後を迎える数日前、同社の流動性資産の中から、その日の取引のためにかなりの額を取引銀行に担保に差し出しました。このため、9月9日に収益発表をする前には410億ドルあった流動性プールは9月12日には約250億ドルへと減少しました。しかも市場の緊張が高まっており、約70億ドル分はすぐに流動化できるものでなく、残りの180億ドルについても160億ドルの分は取引銀行から差し出しを請求されていました。市場の状況が悪化する中、担保を値洗いされたリーマンは追加担保を供出を求められ、いくつかの銀行は、その日の流動性ニーズを前もって資金繰りするために現金の預託まで求めてきました。

取引銀行は、9月12日までに担保と現金預託のためにリーマンから160億ドル以上を受け取っていたので、リーマンが実際に資金の支払い請求に対して使える資金は20億ドルしかありません。結局、9月12日（金）には流動性プールは14億ドルにすぎず、ロンドンの子会社（LBIE）は50億ドルの資金不足でした。しかも9月15日（月）には純現金で見ると45億ドルの支出が見込まれていたので、流動資産ではこの不足を補えないとわかり、同社は破産申請しました。流動性欠如がリーマンを破綻させたのです。金融システム全体が脆弱な短期資金調達に依存していたこと、そしてこの脆弱性が担保付き資金調達市場にも拡大していたことがリーマンの命取りになったのです〈〈Valukas〉1403-4〉〈Geithner〉194〈BE③〉13〈佐賀①〉110〈佐賀②〉19-21〉。

●レポ取引から見放されたリーマン

リーマンは他の投資銀行と同様、レポ取引などの卸売資金源に過度に頼っており、その資金でバランスシートの在庫をファイナンスしていたのです。これが減少するとたいへんなことになるはずですが、レポ市場全体も収縮していました。2007年第2四半期から2009年第1四半期までに、アメリカの銀行とブローカーディーラーに供給されたレポファイナンス（純）は約1・3兆ドルも減少しています。これは金融危機前の総額の半分以上の減少です。

いみじくも、リーマンの首脳キャラン女史が、ベアー・スターンズ破綻の直後の会見（2008年3月20日）で、「流動性は一瞬にして投資銀行を抹殺するものである」〈〈Valukas〉1655〉、と語ったことがリーマンにもそのまま当てはまってしまったのです。リーマンにとっては、流動性は資本よりも重要なのです。投資銀行の場合、預金という調達手段がないため、ほとんど短期資金市場に依存しており、流動性の喪失は死活問題だったのです。しかし大手商業銀行を中心とした持ち株会社や一般企業も市場性の短期資金への依存を深めていたのです（負債総額の40－50％）。だからレポ市場が取り付けにあえば、他のＣＰ市場やＭＭＦの短期市場も取り付けにあいます（〈佐賀②〉17-8）。

第2節　リーマン破綻による取り付けの連鎖の構図——ＭＭＦ元本割れ、ＣＰ市場取り付け、ＡＩＧ破綻と相次ぐドミノ現象

●元本割れなど想定外だったＭＭＦ

ＭＭＦは預金よりも利回りが高い安全、元本割れしないファンドというのが売りです。預金保険に入らないので（その分）預金よりも利回りが高い。しかも預金同様の即刻引き出し可能。実に便利なファンドのはずです。

ところが9月15日、リーマンが破綻した時、そのＭＭＦに元本割れ騒動が起きます。ＭＭＦのひとつの the Primary Fund が保有していたリーマン発行のＣＰがパーになったからです。このファンドはもともとは安全な資産である財務省証券や銀行発行のＣＤに投資し、ＣＰには投資していませんでした。安全投資が方針なので、他のＭＭＦファンドよりも利回りが低くても、ムーディとＳ＆Ｐから最高の格付けを受けていました（〈FCIC〉356-7）。

ところがリーマン破綻に到る18カ月は大きく様変わりします。利回り向上に積極的になり、それまでゼロだったＣＰ保有を資産の半分へと増加し、利回りは２００８年最初の８カ月だけでも

2倍になりました。利回り狩に熱心な姿勢は、ベアーが破綻する2日前まで同社にレポ貸ししていたことに示されます。同MMFはベアーの場合と同様、リーマンは大きすぎてつぶせないので政府は救済してくれると踏んでいたようです。実際、9月15日にはリーマン発行のCPを1ドルあたり80セントとしていたのですが、16日の市場が閉まった後はリーマンの債券の価値はゼロと発表せざるを得なくなりました〈FCIC〉354,356,620)。

●MMFは取引銀行から「死の接吻」のハラスメント

このため、同基金に償還請求が殺到します。同基金の支払代行を引き受ける銀行（State Street）は当初、当座貸越で償還請求に応じていましたが、16日の10時10分にそれをやめました。これは、当面は同行に償還資金を手当してしてもらうことをあてにしていた同基金にとってはまさに「死の接吻」です。同基金は正味1ドルの価値を保証していましたが、投資家の償還殺到はおさまらず、9月15日から16日の夕方までに、同基金のほとんど3分の2が引き出されてしまいました。しかも同基金にはリーマンに関する損失を吸収する資本緩衝の余裕もがなく、MMFの元本割れは避けられなくなったのです。

同MMFはニューヨーク連銀に元本割れ回避のため支援を求めましたが、そもそもMMFを管轄するのはSECであり、Fedには MMFを保証したり、投資家を損失から守る法的権限はありません。支援要請に応じてしまえば、3・5兆ドルの規模のMMF全体に暗黙の内に元本保証をしたことになります〈FCIC〉356-7〈Geithner〉299)。とてもできない相談でしょう。

実はMMFが元本割れした例は幾つかあります（たとえば1994年）。しかし、仮に元本割れしても、ＭＭＦの基金のスポンサーがそれを補填するのが慣例だったので、機関投資家はＭＭＦを伝統的な商業銀行の預金決済資金と同等の安全な資金とみなしていたのです。とはいえ、ＭＭＦはＦｅｄでなくＳＥＣの管轄であり、銀行が受けるような資本規制や規制はありません〈〈Paulson〉238〈Geithner〉149〉。預金保証の対象とならないので、資金は引き出されやすいのです。いずれにしろ今回、ＭＭＦは元本割れはしないという想定が崩れてしまい、ＭＭＦから資金が逃げ出す事態が起きたわけです。死の接吻から新たにマネーのエグゾダスが起きたのです。

実はこれは皮肉なことなのです。ミイラ取りがミイラになったからです。なぜなら、ＭＭＦはカントリーワイドの証券を担保にしてレポ取引をしており、この会社が危なくなるとレポ取引をたたみ、同社から逃避していました〈〈Geithner〉190〉。また第6章で取り上げるＡＩＧとのレポ取引も回避しています。取り付けを仕掛ける役を演じていたのです。自身も取り付けにあわないためです。また破綻したレポ取引先から現金でなく使い物にならない証券を担保として引き取らざるを得なくなるからです。ところが、ＭＭＦは今回、取り付けを受けるはめになったのです。

●ＭＭＦ元本割れ問題で短期市場が消滅

件のファンドが元本割れすると、リーマンのＣＰを保有していない他のＭＭＦにも投資家の償還が殺到します。これはＭＭＦに資金調達を依存してきた短期資金市場にとって致命的なことです。償還に応じられる資金の確保に奔走するＭＭＦは、ＣＰ購入やレポによる貸出を急減させ、できるかぎり手元に金をかき集めます（これがＣＰ市場の取り付けを呼ぶ）。

こうしてＭＭＦ元本割れをきっかけに、短期金融は担保、無担保のいずれも消失しました。高い格付けのはずの企業が発行するCPでも1日以上の期間のものは誰も買おうとしなくなりました。投資家は米国国債を担保としても銀行へ貸し出そうとしません。MMFが資産を売ろうにも相手の投資家は取り合いません。リーマン破綻の衝撃をまともに受けた金融システムでは、どれほど安全な担保でも、市場で流動性が蒸発してしまえば、流動性があるとは見なされなくなるのです〈FCIC〉354-5,358〈Geithner〉299-300,FT2008年10月9日)。**連鎖的取り付けや金融パニックの恐ろしさ**です。

さらに奇妙に思えますが、MMF元本割れ騒動でMMFからMMFへの逃避も起きました。危ない資産を抱えているMMFから安全な資産だけを保有するMMFへの逃避です。MMFはリーマン破綻後にCP保有の割合を縮小し、安全な財務省短期債の保有を増加させる「質への逃避」に走ったのです。このため財務省証券には異常な需要が殺到し、9月17日の3カ月物財務省証券の利回りはマイナス金利の領域に入りました。安全性を求める投資家が安全資産に金利を支払ったことになります。これは第二次大戦以来みられなかったことです。いずれにしろ、**MMFからの逃避は世界金融市場にたいへんな影響を及ぼしました**。GE、コカコーラのような大企業でもCP市場での資金調達困難になったのです〈Paulson〉232,243〈Scott〉71-3〈FCIC〉357〈Geithner〉835)。

これは転じて、**国際的なドル不足の玉突き現象**を引き起こします。米国国内でCP発行がむずかしくなった金融機関はユーロ市場に向かったので、ロンドンの銀行間市場の調達金利の上昇に拍車がかかります。玉突きはそれだけで終わりません。転じて欧州の銀行のドル資金繰りを圧迫します。リーマン・ショック絶頂の時、欧州の銀行は3兆ドルの資金調達不足でした。彼らは1兆ドルを市場から資金調達しなくてはならなかったのですが、欧州の銀行はカウンターパーティから信用されず、米銀と違いドルをＦｅｄから借りられません。この窮状に対処するために打ちだされたのがドル・スワップなのです（Ｆｅｄ、ＥＣＢの間で）〈FT2010年5月19日，日経2008年10月17日〉。自身ではドルを調達できなくなった欧州の銀行に代わり、ＥＣＢがＦｅｄからドルを調達し、欧州の銀行に回すのです。こうしてＭＭＦは簡単にドル取り付けに到ったのです。

●ＭＭＦの汚染を防ぐＦｅｄと財務省の二人三脚

財務省はＭＭＦを救うために為替安定基金（ＥＳＦ）を使う案を思いつきます。クリントン政権の時代の１９９５年、この基金は２００億ドルをメキシコへのローンに回しました。そもそもこのＥＳＦは１９３４年にドルの安定化のために設立されたものですが、今回はＭＭＦファンドの元本保証に動員されました（保険料をＭＭＦファンドから受け取る）。こうしてＭＭＦは実質３・２兆ドルの一時的保証を受けます。

一方、Ｆｅｄは、銀行に資金を供給してＭＭＦからＡＢＣＰを購入させます。最初の２週間に銀行へ１５００億ドル供給した結果、ＭＭＦへの取り付けは減少します。さらに10月７日にはＣＰ発行体から直接ＣＰを買うファシリティを創設します〈〈FCIC〉359,620〈Paulson〉238,252-3〈Scott〉22〈Ball〉45〈米倉②〉30-2〈木下〉234-6〉。

このようにＭＭＦが元本割れした時は、米国政府はＭＭＦを救済しています。本来権限はないので為替安定基金を活用する手段を思いついたのです。このＭＭＦの元本保証は金融危機の不安を収めるのに決定的役割を果たしています。これをしないとたいへんなことになるからです。リーマンを救済しないとたいへんなことになるのと同じだったはずです。

●リーマン破綻はレポ市場ばかりでなくCP市場を凍結

信用の3Cの威力はいよいよ明らかです。リーマン破綻後の1週間、誰も金融会社のCPは買おうとしませんでした。取り付けにあっているMMFには、クレジットカードやオートローン、学生ローン、消費者ローンの資金繰りのために発行される金融会社のCPを買う余裕がなくなったからです。他方、CP発行者には主要銀行とスタンドバイ・ライン（緊急支援融資）を結ぶ手立てもありましたが、リーマン・ショックの状況では、銀行自身も資金繰りが危うく、CP市場を支える余裕はなかったのです。消費者信用も一日で消滅しました〈FCIC〉30~31,358-9, 620〈Geithner〉325)。

このため、政府は自動車のビッグスリー支援のために緊急ローンを与えます。GMもクライスラーも自動車金融部門の子会社は流動性問題を抱えており、ディーラーや顧客に販売を促進できる信用を与えることができなかったからです。GMも債権者や期限どおりには支払われなかったサプライヤーから支払い請求を受けており、いわば銀行のような取り付けにあっていたわけです。11月25日の時点、金融的支援がないとGMは破綻するとポールソンなどもわかっていたので、12月29日、TARP（第7章第1節参照）公的資金プログラムを使い、GMの金融会社に50億ドルを資本注入しました（この金融会社は銀行持ち株会社になった）。この金融子会社に投資する資金としてGM本体にも10億ドルを投じます。GMが破産を宣告すれば、秩序だったリストラや必要な事前の計画や適切な資金手当などできなくなる。そうなれば、クライスラー、フォードばかりかホンダやトヨタの現地法人にもパニックが及ぶのです（〈Paulson〉418,421,424)。

実際にはすでに9月8日の時点、ポールソンはGEでさえもそしてCP発行が困難になっていたことを伝えられていました。金融の部門の巨人ＧＥはトリプルＡを持つ数少ない企業なのに、他の産業と同様よろめいていたのです。もしこのＧＥがＣＰを売れなくなるとどうなるのか？〈Paulson〉172〈FCIC〉345-6)。

結局、ＧＥは連邦預金保険公社（ＦＤＩＣ）から自社発行の社債を保証を取り付けました。本来ＧＥＣａｐｉｔａｌのようなノンバンクはＴＡＲＰの資金やＦＤＩＣの新規の社債保証を受ける要件を満たしていませんでした。しかしＧＥ側は他の銀行が貸していない種のローンを貸ししているから銀行と同様助けが必要であると主張します。ポールソンはその言い分は正しいと認め、11月12日、ＦＤＩＣはＧＥ Ｃａｐｉｔａｌが発行した社債を１３９０億ドルまで保証することに同意しました。結局、ＧＥ Ｃａｐｉｔａｌはシティバンクと並び、ＦＤＩＣによる一時的な流動性保証（ＴＬＧＰ：Temporary Liquidity Guarantee Program）の最大の使用者として、７００億ドルの政府保証債を発行したのです〈Paulson〉373,400,401)。

なお、ＣＰ市場が凍結したのは今回が初めてではありません。１９７０年にも凍結したことがあります。非金融会社としては米国で第６番目に大きな企業（the Penn Central Transportation Company）が2億ドルのＣＰの支払いをしないまま、破産申告した結果、ＣＰ市場は混乱に陥り、投資家が借り換えに応じなくなったＣＰ市場は実質上、閉店したのです。しかしその時は、Ｆｅｄが商業銀行へ低い金利で約６億ドルを緊急融資し、この資金を受けた商業銀行から企業は借り入れし、この資金でＣＰ償還に応じたのです。ＣＰ発行者はこのペン・セントラル事件の経験を学び、主要銀行とスタンドバイ・ラインを結び、ＣＰ投資家のＣＰ市場への信頼を回復させました〈FCIC〉30-1)。しかしリーマン・ショックの場合、銀行自身も取り付けにあう立場となり、Ｃ

P市場を支える余裕はなかったのです。リーマンばかりでなく金融市場全体がリーマン化していたのです。

●意外なことに、リーマン破綻に伴う損失の規模はそれ自体、大きくない

リーマンの負債総額は6130億ドル。史上最大の大型倒産でした。しかし、リーマン破綻の衝撃のすごさに比べるとリーマンの規模はささいなものです。リーマンは過大レバレッジを効かせて資産運用していたわけですから、世界に与えた衝撃もレバレッジが効きすぎたようです。

ここで**金融市場におけるリーマンの規模を確認**しておきます。リーマンは破綻の時、CPやその他の証券を48億ドル保有していましたが、これは2008年のCP市場全体の0・27%、金融機関発行のCPの0・61%にすぎません。同様のレポ取引1700億ドルも全レポ市場の1・7%にすぎません(〈Scott〉53-4)。

ベアーが破綻する前のプライムブローカー業務の3分の2が、ゴールドマン、モルガンスタンレー、ベアーの3つに集中していました。この意味でリーマンは大きなプライムブローカーではないのです。実際、2006年まではヘッジファンドの中で、少なくとも10億ドル以上の資産を持つヘッジファンドの75%は複数の投資銀行でプライムブローカー業務の便宜を受けていたので、リーマン破綻がプライムブローカー業務を通じて大きなシステミック・リスクを産んだというわけではないのです(〈Scott〉48)。

またリーマン破綻で取り付けにあったMMFもリーマン発行CPの保有でそれほど損失を受けたわけではありません。

元本割れした the Reserve Fund's Primary Fund の場合、リーマンの無担保ＣＰに７・85億ドル投資していましたが、しかしこれは同ＭＭＦの資産規模（６２４億ドル）のおよそ１・25％にすぎません。元本割れしたといっても、元本１００のＭＭＦは99％以上に回復し、投資家は最終的には１％も損していないのです〈Scott〉51-2〈FCIC〉356-7〉。

リーマン破綻による世界的金融危機の影響は、外国為替決済の面でも大きくありません。１９７４年6月のヘルシュタット銀行事件の再発は回避されました。当時、旧西ドイツの中堅銀行ヘルシュタット銀行が外為取引の失敗で破綻し、取引・決済終了後の15時半（現地時間）に銀行免許を取り消され、清算命令を下されました。これは米国時間ではドルの決済が行なわれていない時間帯なので、ドイツ時間にドイツ・マルクを支払った銀行はドルを同行から受け取れなくなる。時差に伴うリスクが発生したのです〈中島〉8-9〉。

ヘルシュタット事件の再発が避けられたのは、ＣＬＳ決済システム（Continuous Linked Settlement）が機能していたおかげだそうです。このシステムを使えば、日本円を支払ってドルを調達する側と円を受け取ってドルを支払う側は同時決済できる。一方の通貨の支払いと他方の通貨の支払いがワンセットで同時に行なわれる仕組みになっているのです。双方の通貨の受払が同時に実施されるので、お互いとりっぱぐれはおきない。したがって日本円を払ってもドルを受け取れなくなるリスクを回避できるのです。

実際、リーマンは倒産時に40カ国以上に６５０以上の子会社のある国際的金融機関だったので、為替決済にかぎれば取引相手はリーマンからの支払いを受け取れなくなる悲劇は避けられました。破綻後のリーマンの外為決済額は推定１５００億ドル以上でしたが、その為替取引の大半はＣＬ

Sを通じて行なわれていたので、全て安全に決済されたそうです。

これがリーマン破綻に伴う世界的ドル取り付けの衝撃をある程度緩和する効果を発揮しました。金融機関は危機の最中にもかかわらず外為取引を継続できるので、為替スワップ市場を通じ自国通貨を担保にドルを調達できるルートも確保されていたのです。リーマン・ショックで米国の短期金融市場が事実上、機能停止し、米国内外の金融機関はドル調達に窮しましたが、為替決済は安全に履行される経路があるので、為替スワップ市場はドルの主な調達手段として機能できたのです〈〈中島〉12,206,207,209〉。

ただ、不幸なことにユーロを払ったのにドルを受け取れなかった銀行がドイツにいました。このドイツの銀行（ＫｆＷ）の場合、ＣＬＳを通さない通貨スワップを行なったからです。リーマン相手にユーロ元本を支払ったのにドルの対価を受け取れなかったのです〈〈中島〉9-11〉。なおリーマンが行なっていた再担保金融では被害者が出ました。ロンドン・リーマンに預けた資産が戻りそうもないヘッジファンドの首脳の中に自殺者が出てしまったのです〈〈Scott〉47〉。

第6章 世界最大級の保険会社AＩＧの取り付けの特異性

巨大ヘッジファンドへの変貌

第1節 投資銀行顔負けのデリバティブ取引（CDS販売）

●金の卵を産むガチョウの運命

１９９８年以来、ＡＩＧの金融部門（ＡＩＧ Financial GroupProducts）は高い格付けを誇る親会社の保証を後ろ盾として、店頭取引の大規模なデリバティブのディーラー（名目上、２・７兆ドルのポートフォリオを保有）となっていました。そのＣＤＳ信用防護業は２００２年の２００億ドルが２００５年の２１１０億ドル、２００７年には５３３０億ドルへと急増します。この部門の業務利益は２００５年にはＡＩＧ全体の３割近くになります。ＡＩＧ全体のなかでは小さいはずの部門が金の卵を産むガチョウになったのです。

しかもＣＤＳ業務はＡＩＧにとって実に効率がよいものでした。本来、保険業務は、保証する債務のデフォルトに備えた積立金を保有しなければなりませんが、ＣＤＳ業務は規制保険ではないので準備の積み立てはいりません。同社自身もＣＤＳで債務保証しているＣＤＯの損失は99・85％発生しないと見積もっていたので積み立てはいらないというわけです〈FCIC〉140-1）。

当時に進行していた金融界の過剰レバレッジもＡＩＧのＣＤＳ業務を助長します。特に銀行との関係です。銀行は保有する資産価値を防護するＣＤＳを購入すれば、資産保有に対する資本の比率を８％から１・６％へと縮小できました。特に欧州の銀行のＣＤＳ買いが目立ちました（〈FCIC〉140,142）。

しかし**ＡＩＧの戦術は完全に裏目に出ます**。第２章第３節で明らかにしたとおり、損失発生確率が非常に低いはずのＣＤＯが暴落したからです。本来、保険は実際にデフォルトが起こり損失が発生しなければ、発動されないはずです。実際、他の金融保証専門保険会社（モノライン）は、損失が発生するまでは保険の支払いは禁じられています。これに対し、ＡＩＧが発行するＣＤＳの場合、デフォルトが起きなくても損失を保証する契約になっています。保証していたＣＤＯがデフォルトしていなくても価値が下がったり、格付けが引き下げられたら、その分ＡＩＧの支払い能力が低下するとみなされ、ＣＤＳを購入した相手に現金を担保として差し出すのです。保証するＣＤＯの価値下落を埋める現金担保を差し出せば、ＡＩＧの保証料収入（ＣＤＳ保証料は名目保証額の大体０・12％）は吹っ飛んでしまいます（〈FCIC〉141）しかもＡＩＧは現金担保を支払う準備金など用意していません。保険屋が保険をかけていない、実に杜撰なリスク管理です。

ＡＩＧに対する米国の連邦規制も杜撰そのものです。店頭デリバティブにはどんどん規制緩和が進み、連邦政府と州のいずれでも実質、規制はなくなっていました。州の保険規制者はＡＩＧのＣＤＳ売買には資本、担保の規制をかけていません。ＡＩＧと子会社に対する効果的な規制もないので、ＡＩＧのＣＤＳ取引のリスクも見つけられません。店頭デリバティブ市場自体にも透明性が欠けており、ＡＩＧが保証しているＣＤＯも適正な価格の発見もできません。国債や一流証券や債券のような広くて深い取引ができる市場がないのです。このため、ＣＤＳの売り手と買い手の間でＣＤＯの評価損を埋める現金担保の拠出の額をめぐり、しばしば紛糾します〈FCIC〉352)。

第２節　レバレッジ三兄弟の登場――山一の遺伝子がＡＩＧ、リーマンにも継承

●ＡＩＧはヘッジファンド顔負けの一大レポ取引業者

ＡＩＧの苦境はＣＤＳ取引に限られません。損失は証券貸付業務のほうが大きかったのです。ＡＩＧ破綻の原因はＣＤＳそのものよりも、ＣＤＯやそのほかの不動産担保証券への投資のリスク評価の失敗にあったのです〈McDonald〉178)。

ここで証券貸し出し業務でＡＩＧが支払い不能に陥る経緯をたどります。同社は関連会社（ＡＩＧセキュリティーズ・レンディング・コープ）を通じ、保険勘定で長期保有している低リスク・低利回りの債券を第三者へ貸し出して手数料を得ていました。問題になったのは、取引相手から担保として預かった現金を、トリプルＡ格付けの住宅不動産担保証券などに投資するようになったことです（ＣＤＯ同様、住宅不動産担保証券も後に急激な格下げに）。

ＡＩＧは貸し出した証券の市場価値の１００％～１０２％に等しい現金を借り手から受け取り、この現金を住宅不動産担保証券などに投資するようになりました。よそ様のお金を自分の投資に回していたわけです。これは第８章第４節で取り上げる山一証券の運用預かりやリーマンなど投資銀行が盛んに行なっていた再担保金融と同じ原理です。もちろん、お金や証券を担保として預ける借り手も、その分の手数料を受け取ります。だから山一、ＡＩＧ、リーマンは過大レバレッジの血を分け合う三兄弟なのです。

しかし運用対象の住宅不動産担保証券が下落するとどうなる？　普通、証券貸出の担保の現金は短期ＴＢ、ＣＰに運用されます。これだと安全です。しかし住宅不動産担保証券は違います。住宅ブームの終了と共に手がつけられないほど暴落します。これに投資していたＡＩＧの財務内容に不安を感じ始めた取引相手は、借りた債券を返してＡＩＧから現金担保を回収しようとするでしょう。回収しなくても保証のための担保を要求するでしょう。こうして２００８年8月下旬、ＡＩＧの親会社は困難に陥っている証券貸し出し子会社へ33億ドル供給します〈FCIC〉345,〈渕田〉54)。

さてＡＩＧはこの支払い請求に応じ続けられるのでしょうか？　前節で紹介したＣＤＳと同様の惨事が起こります。住宅不動産担保証券が暴落していれば、これを売っても現金担保を返済できる資金はできません。取引相手は真っ青です。本書がキーワードとして挙げている信用の３Ｃの好例でしょう。

ＡＩＧの支払い不能の不安に輪をかけたのが、格付けの引き下げ問題でした。格付けは金融機関の流動性の維持にとって死活問題です。格下げで財務内容が悪化したと判断されるＡＩＧは、ＣＤＳ取引、証券担保貸し出しのいずれも業務では追加担保が請求されます。また、いつも更新を繰り返してきた短期ＣＰの発行も、借換えもできなくなり、それを返済する資金を工面しなければなりません。しかしレポ取引の相手はＡＩＧから引き始めます。特に従来よきレポ取引の相手だったＭＭＦがＡＩＧを避けるようになったことが決定的でした。

意外に報道されないことですが、ＭＭＦはリーマン破綻ばかりでなくＡＩＧ破綻の件でも深い繋がりがあったのです。これでリーマン破綻よりはるかに大きな問題が発生します。なぜなら、

ＭＭＦはリーマンよりもＡＩＧに関与する度合いがはるかに大きかったからです。ＡＩＧは9月15日、市場が終えた後、ニューヨーク連銀へ短期ＣＰ市場にアクセスできなくなったと報告しました。ＭＭＦがＡＩＧ発行のＣＰを買わないからです。ＡＩＧの規模からしてその影響はリーマンのそれよりもはるかに大きな、計り知れない衝撃を金融システムに及ぼします。だからＦｅｄは連邦準備法section13（3）を発動し、ＡＩＧ救済に乗り出しました〈FCIC〉349）。

本書が再三取り上げるとおり、ＭＭＦはあらゆる危機の際に登場する役者を演じます。いくつかの銀行もＡＩＧから資金を引き揚げ、レポ貸出も断ります。大量の借入で投資していた資産が暴落したＡＩＧは、借り入れも制限され、資本調達もできない状態となったのです。ＡＩＧは、ベアーやリーマンと同様、流動性を喪失したのは短期資金の借り入れ更新ができなかったからですが、この2社と違い、たいていは無担保ＣＰが資金調達源でした。この経路を断たれたＡＩＧにはお金が入らなくなる一方、ＣＤＳ契約における担保請求や証券貸し出し業務で深刻な流動性の流出に直面します（〈FCIC〉345-7〈Ball〉43）。しかしそれに対する備えはありません。とんだ保険業者です。

●ＡＩＧには〝誰も昼飯の金さえ貸してくれない〟

9月12日（金）、ＡＩＧはＣＤＳ取引相手からの担保請求が２３４億ドルに膨れあがり、その内の１８９億ドルを払ったものの、近い将来さらに数十億ドル担保に出さなければならなくなっていました。Ｓ&Ｐ、ムーディズはＡＩＧの格付けの引き下げをほのめかしており、実際に格下げされれば、さらに新規の担保が推定１００億ドルも必要になります。ＡＩＧはＣＰ発行にも保証業務を手がけており、それにも40億～50億ドルを差し出さなければなりません。

これも一種の取り付けです。伝統的な取り付けとは大きく違う、新型の取り付けです。本来の金融恐慌ならば、信用が逼迫し金利が急騰するのが通例ですが、AIGやレポ取引の場合、ヘアカット、レポ引き揚げ、格付けの引き下げ、追加担保請求というパターンになります。このため、AIGは同じ9月12日、ニューヨーク連銀に、自身の生存を危うくする深刻な流動性問題に直面していると報告しました。その時、AIGは「あと5－10日たてば流動性が尽きてしまう」、と〈Ball〉43)。

AIGには多額の現金90億ドル、1兆ドル以上の資産があり、2008年半ばの資産は負債を780億ドル上回っています。資産、現金は豊富なはずです。だから格下げによる追加担保請求の件は短期的な流動性の問題ですむはずです。ところが、資産の大半は州ごとに規制された71の保険子会社に保有されており、親会社は勝手に売るわけにいきません。保険ビジネスには連邦レベルの規制や監督はなく、州の保険長官は常に保険加入者を守ることを優先します。AIGが自由に資産を売って資金調達できる可能性は事実上なかったのです。ましてや、投機的活動にひたり、リスク管理も杜撰だった金融子会社に保険加入者にも権利のある資産を回すわけにはいきません。

こうしてAIGの首脳は、保有現金が90億ドルもあっても次週には持ちこたえられないと判断しました。9月16日、AIGの資金調達は完全に崩壊します。〝誰も昼飯の金も貸してくれない〟、と言ったそうです〈FCIC〉344〈Sorkin〉229〈Ball〉43)。

第3節　公的資金投入はダメだったはずのＡＩＧに一転、大量の公的資金投入――リーマンの時とは大違い!!

●お金はいっぱいあるのに支払い不能!!

資産規模が絶大で現金も多くあるはずのＡＩＧには実質、ＣＤＳの大量売りに対する備えもなく、証券貸し出しにともなう現金や担保を支払える資金もなかったのです。十分な資本も流動性もなく、リスク管理では完全に失敗していたＡＩＧに信用リスクが集中していたということです。

ここでまたまた信用の３Ｃの話になります。**問題はＡＩＧの破綻だけではすまされない**のです。ＡＩＧに多くのＣＤＳを売っていた金融機関も、保証を受けているはずの自らが保有する証券の保証が不履行になれば、ＡＩＧの道づれになります。証券貸し出し業務でもＡＩＧから現金を回収できなくなります。ＡＩＧが破綻した時のリスクは、欧米の銀行に世界の12の銀行が集中していたからです〈FCIC〉347,352,386)。

このＡＩＧに一斉にＣＤＳ保証請求が殺到するとどうなる？　すでに指摘したとおり、実はＡＩＧはそのような事態に備えた準備金は手許にありません。短期の返済請求に応じる金は、本来ならば銀行から借りたり、ＣＰを発行すれば手当てできるはずです。何しろ、十分な資産を保有している世界最大級の保険会社です。しかしリーマン破綻の時期です。あらゆる金融機関は自身の手元に資金をかき集めるのに精一杯で、ＡＩＧが市場から資金を調達するルートはありません。しかも保険契約者の資産を預かる保険会社の性格上、資産の取り崩しは勝手にできなかったのです。

表１　ＡＩＧの証券貸出取引、ＣＤＳ取引の相手に支払われた額（単位 10 億ドル）

①証券貸出取引の分（2008年9月8日～12月12日までの分）

Barclays	$7.0
Deutsche Bank	6.4
BNP Paribas	4.9
Goldman Sachs	4.8
Bank of America	4.5
HSBC	3.3
Citigroup	2.3
Dresdner Kleinwort	2.2
Merrill Lynch	1.9
UBS	1.7
ING	1.5
Morgan Stanley	1.0
Société Générale	0.9
AIG International	0.6
Credit Suisse	0.4
Paloma Securities	0.2
Citadel	0.2
	$43.7

②ＣＤＳ取引の分（2008年11月17日の分）

	a	b
Société Générale	$6.9	$9.6
Goldman Sachs	5.6	8.4
Merrill Lynch	3.1	3.1
Deutsche Bank	2.8	5.7
UBS	2.5	1.3
Calyon	1.2	3.1
Deutsche Zentral-Genossenschaftsbank	1.0	0.8
Bank of Montreal	0.9	0.5
Wachovia	0.8	0.2
Barclays	0.6	0.9
Bank of America	0.5	0.3
Royal Bank of Scotland	0.5	0.6
Dresdner Bank AG	0.4	0.0
Rabobank	0.3	0.3
Landesbank Baden-Wuerttemberg	0.1	0.0
HSBC Bank USA	0.0	0.2
	$27.1	**$35.0**

①の内訳：195 億ドルはニューヨーク連銀のペーパーカンパニー Maiden Lane Ⅱ からの、172 億ドルはニューヨーク連銀、70 億ドルは AIG からのもの

②の内訳：a　Maiden Lane Ⅲ からの支払い
　　　　　b　AIG からの支払い

（出典）＜ FCIC ＞ 377,Figure20.4 より。なお、端数の分は加えず

●ムカデ競争の先頭が転べば後列も巻き添え

ＡＩＧは多くの商業銀行、投資銀行、その他の金融機関とカウンターパーティ関係でつながっており、ＡＩＧが証券貸し出し、ＣＤＳ取引で支払い不能になれば、大銀行、投資銀行が道連れにされるというわけです。まさに信用の３Ｃの凶器です。しかもこの３Ｃは米国内にとどまらないグローバルなものです。たとえば、英国の財務省は２００７年８月のはじめまでは、世界的な金融騒動は自国の銀行に重要な影響はないと考えていました。米国の問題であり、対処できるというものでした。しかし実は英国の銀行のローンの多くはＡＩＧに保証されていたのです（〈Darling〉17）。ＡＩＧが破綻すると英国の銀行もひどい打撃を被る鎖に繋がれていたのです。まさにムカデ競争です。

だからリーマンの時と違い、米国政府は**ＡＩＧは大きすぎてつぶせない**と判断し、その救済に８００億ドル以上を費やしたのです。この救済がなければ、ＡＩＧのデフォルトと破綻は取引相手を道連れにし、金融システム全体を崩壊させるからです。ＡＩＧが公的資金を受けながら、バークレー、ドイツ銀行、ＢＮＰパリバ、ゴールドマンサックスなどのカウンターパーティへ支払った証券貸し出し取引に絡む金額は合計４３７億ドル（２００８年9月18日の時点）でした（表1参照）。ＡＩＧがＣＤＳ絡みで欧米の銀行に対して支払った額は３５０億ドルでした。ＡＩＧの損失においては、証券貸し出し取引のほうが、ＣＤＳ取引の損失よりも大きかったのです（〈FCIC〉352）。しかもＡＩＧの損失はまだまだ膨らみます。

●公的資金投入疲れのアメリカ政府、中央銀行はＡＩＧ問題で豹変

リーマン破綻の時期、ブッシュ政権は任期満了が近づきレームダック（lame duck）の状態でした。共和党も民主党の議員も選挙が近づき、地元選挙民の反発を招く公的資金投入には賛成しづらい政治状況でした。ポールソンやブッシュの実弟やいとこがリーマンで働いていたこともあり〈Sorkin〉286）、リーマンに公的資金を投入すればマスコミが騒ぎ出します。住宅金融公社への資本注入で公的支援のバズーカ砲は打ち止めにしたいのです。

だからリーマンには公的資金は投入していません。投入しなかった最初の説明は、自己責任原則論でした。過大なレバレッジに走ったウォール街の向こう見ずな企業のすべてが政府に保証されるわけではないと警告したのです。それがリーマンに対する政府、中央銀行の態度でした。リーマンは、ベアーの時の教訓から十分に学び、十全な対策を打てたはずだというのです。

公的資金投入の是非について、リーマン・ショックが起こる以前の政府、Ｆｅｄの公式の説明は、①リーマンは債務超過だったのでＦｅｄから融資を受ける担保がなかった、②当時は政府がリーマンに資本注入する権限はなかった、③民間から資本を調達させない限り救済できない、というものでした〈日経〉35）。ポールソン財務長官によれば、ベアー破綻の危機の頃は、ベアーとデリバティブや資金貸し借りの契約をしている金融機関には体制が整っていなかったので、ベアーを破綻させれば、金融システムは崩壊する。しかしリーマン破綻の時期には、金融機関は準備はできており、ショックになれていたはずだというのです。いつも投資銀行を支えるつもりはないことを示したかったそうです。

リーマンが破綻した直後、ポールソンはＡＩＧに公的資金を投入するつもりはなかったのです。

その代わり、民間に救済資金を出させようとしたのです。要するに公的資金は出さない姿勢を強調したかったのでしょう。だからいつも投資銀行を支えることはないという態度を明確にしたつもりだったのでしょう。ブッシュ大統領に至っては、リーマンを破産させたことで政府はこれ以上ウォール街の企業を救済しないというメッセージを送ることができた、とポールソンに語ったそうです〈〈Sorkin〉377〉。

しかしそのようなメッセージこそが市場を大混乱に陥れたのです。このため、公的資金を投入しないはずのＡＩＧに一転、巨額の公的資金が投入されることになります。9月15日、ニューヨーク連銀総裁ガイトナーはゴールドマン、ＪＰモルガン率いる金融機関グループと会合し、金融機関は共同で７５０億ドルのローンをＡＩＧに用意することになりました。ガイトナーが金融機関のコンソーシアムの組織化したのは公的資金を注入しないことを明確にするためです。その代わりに民間資金でＡＩＧを救済しようとしたのです。ところが、夕方、それが撤回されます。一つの理由はリーマン破綻で金融市場がパニックに陥り、他の金融機関もＡＩＧ救済どころでなかったこと。またもうひとつは、ＡＩＧの資産価値も怪しいので救済貸出は危ないと判断されたからです。

翌日、ガイトナーは態度を急変します。ＡＩＧは民間の救援資金を受けられないので、ＦｅｄはＡＩＧを救済しないという姿勢を放棄し、同社が債務期日に返済できるよう、８５０億ドルのローンを与えます。その間に、同社は秩序だって事業を売り、これでＦｅｄに返済できるというわけです〈〈Ball〉45-6〉。

これは全くおかしな話です。民間金融機関がＡＩＧへのローンを断ったのは、担保価値が怪しいからです。その怪しい価値のＡＩＧにＦｅｄは８５０億ドルもローンを出したのです。となるとリーマンの場合、担保が不足していたからローンを断ったという説明が、ＡＩＧには当てはめられなくなります。ポールソン財務長官も当初はガイトナーと同様、ＡＩＧ救済に反対でしたが、同じく9月16日に態度を変更します。同社の破綻は経済に大災厄になるからです。ガイトナーとポールソンはリーマン破綻の惨劇を目の当たりにし、ＡＩＧ破綻でさらにこれが激化することを恐れたのです。公的資金投入の反対よりも、経済の安定優先に代わったのです〈Ball〉219)。

両者はリーマン破綻のすさまじい帰結を全く予期できていなかったことになります。予期していれば、リーマン破綻直後、直ちにＡＩＧを救済する判断を下したはずです〈Ball〉220)。ポールソンなどは回想録にリーマン危機があれほど激しくなるとは予想していなかったことを吐露しています。公的資金投入に大転換してＡＩＧを救ったのは、ＡＩＧがリーマンより規模が大きいばかりでなく銀行が保有する債券に巨額の保証を与えていたからだそうです。ＡＩＧが倒れると銀行に大きな損失を招くというわけです〈Paulson〉209, FT2008年9月18日)。これは当初の説明と全く食い違います。

ＡＩＧまで破綻させてしまうと、ＣＤＳ取引と証券貸付業務で銀行も道連れになる。だからＡＩＧを救うために公的資金を投入するということです。要するに銀行を救うためにＡＩＧを救うわけです。そして銀行を救わなければ銀行システム自体が崩壊するのです。事実としては、ポールソンはリーマン救済を否定する時点ではそのような事態を想定しなかったのです。想定していたら、ＡＩＧ救済を否定するわけにいかないでしょう。救済否定した後に想定していない事態が発生し、それに歯止めがかからない状況に直面した。だから今度は慌てて公的資金投入に舵を切ったというのが真相でしょう。

●所在が不明のリスクが、杜撰なリスク管理をしている機関に集中する恐怖

しかし金融当局が公的資金投入に反対だったのは、ある意味で当然です。不透明で規制のない過大なレバレッジ取引の実態は政府、Ｆｅｄもよく把握できないように仕組まれていたわけですから。ＣＤＳなどの店頭デリバティブ市場は不透明で規制なき何百万もの契約により、巨大な蜘蛛の巣の糸のように金融機関の相互連関の環を編み上げていたのです。ところが、その最も弱い環の一つに世界最大級の保険会社ＡＩＧがいたのです。薄い自己資本と杜撰なリスク管理のＡＩＧ。このＡＩＧの一手に、金融システム全体をデフォルトの感染にさらす重大なシステミック・リスクが積み上がっていたのです。もちろん不透明なままに（〈FCIC〉352,386）。

だから米国当局はリーマン破綻直前までＡＩＧの惨状の実態は知らなかったのです。ポールソン財務長官は、リーマン処理をめぐりウォール街の大金融機関の全ＣＥＯが招集された時に初めて、ＡＩＧの大穴のことを知らされ、そのあまりの額の大きさにショックを受けたそうです（〈Sorkin〉321,323）。

ＡＩＧはとてつもない損失を抱えており、当初の流動性危機ではおさまりません。深刻な資本不足の問題となります。ＡＩＧを救済しなければ、シティバンクとバンク・オブ・アメリカが次の破綻候補でした。だからＡＩＧの破綻から他の金融機関を守る防火壁を築かなければなりません。唯一の解決方法は公的資金の注入です。しかしこれを議会に認めてもらうのはなかなかたいへんなことです。議員は選挙区民の受けを狙い、ウォール街の救済のために血税を投入するのは

けしからんと騒ぎ立てるでしょう。

実際、公的資金投入のTARP案は当初議会に拒否されます。しかしAIGの第3四半期の損失は財務省やFedが予想したよりも悪い、税引前で245億ドルになる見込みとなり、同社にTARPから400億ドルを即刻資本注入するしかなかったのです。そうしなければ、同社が格下げされ、追加の担保420億ドルを要求されてしまうからです。そして多くの金融機関、さらには金融システム自体がAIGの道連れになります〈FCIC〉386〈Paulso〉376〈Geithne〉467）。

ここはひとつ、蜘蛛の糸の出番です。細い糸ではだめです。太い糸がいります。政府の大規模な公的資金投入です。AIGという大きすぎてつぶせないリスクが、つながりすぎてつぶせないリスクと複合します。リーマン・ショックが次々と色とりどりの取り付けを誘発し、システミック・リスクがいよいよ本格化したのです。個々の資産リスクは逼迫時に集まる巨大なシステミック・リスクを築き上げる「自己組織化」の作用があるのです。まさに信用の3Cの神器ならぬ凶器そのものです。蜘蛛の糸でセーフティネットを稠密にする必要があったのです。

●後出しじゃんけんの続くAIG——さらなる資本注入の追加

ところが同社は安定するどころか、2008年第4四半期には620億ドルという驚くべき損失を出し、2008年の損失も990億ドルとなり（ミシシッピー州の年経済規模に相当）、2009年3月には再度、救済されました。AIGには格下げの恐れがあったのです。格下げされれば新たにさらなる現金が流出し、破産を強いられるかもしれないのです。

AIGがTARPから受けた資本注入は総計は700億ドルであり、TARP全体の一割にも及びます。しかもこの額にはＦｅｄの貸出支援は含まれていません。結局、ＡＩＧ安定化のための種々の計画で政府は１８００億ドル以上つぎ込みました。当然、納税者の公衆の不満は大きかったのですが、３月15日の日曜の新聞に、救済されたＡＩＧの幹部には何と1億６５００万ドルのボーナスが支払われると報道され、公衆の不満はさらに高まりました。ボーナスはＡＩＧ破綻の前に決められていたそうです。なお、後々のことですが、納税者のお金（ベイルアウト）は返済されました（〈Bernanke ②〉421-2,〈Mcdonald〉52, FT2018年6月18日）。

第7章　銀行システム自体への保証なしには収まらない史上空前の世界金融恐慌

第1節　預金保険外の金融機関への債務保証と公的資本注入（TARP）

●金融機関の預金保険の対象外の債務も保証しないと金融パニックは激化するばかり

リーマン破綻のあおりを受け、米国貯蓄組合最大手のワシントンミューチュアル（WaMu）は9月25日業務停止にあいます。15日以降の預金流出が167億ドルに達していたのです。当時の時点では、米国市場最大の銀行破綻です（総資産3070億ドル）。

ＪＰモルガンが倒産したWaMuを引き取ることとなりますが、その場合、問題がありました。WaMuの保険付き、保険なし預金は引き取っても、WaMuのほかの債務（劣後債保有者）は引き取らないというのです。しかしながら、金融危機の時に、銀行の債権者に損失を負わせれば、パニックは激化します。WaMuの場合、1984年に救済されたコンチネンタル・イリノイ銀行の4倍近くの規模であり（インフレ率調整後）、それまでの大きすぎてつぶせないの事例をはるかに上回ります。そのコンチネンタル・イリノイが「大きすぎてつぶせない」から救済されたのであれば、その4倍の規模のWaMuも当然、「大きすぎてつぶせない」の扱いになるはずです。そうしないで、同行の劣後債権者がリーマンの債権者と同じような扱いになれば、他の銀行の債権者も自分も同じ目にあうと思うでしょう。保有する銀行債券が保証されないのなら、損を覚悟でできる限り早く売り逃げしようとします。これではWaMu版リーマン・ショックとなります。リーマンの例が示すとおり、貸した金が戻ってこないという不安がひとたび燃えさかると、手のつけようがなくなります。保証がなければ債権者は銀行から逃げ続けます。銀行からお金が流出します。銀行も手元の現金をできる限り保持する必要上、お金を退蔵します。市場の流動性はますます減少し続け、取り付けはさらに拡大します。非常に緊張した時期には預金保護されていない投資家に損失の負担を押しつければたいへんなパニックが起こるのです〈〈Geithner〉327〉。

第2節　金融危機の時の公的資金投入の収支

●金融危機の時には公的資金投入は必要悪としか言いようがない

「取付に限度がなくなるといくら流動性があっても守りきれない」〈2008年1月8日の前SEC議長のクリストファー・コックスの考え〉〈〈Valukas〉1492〉。だから金融危機を止める唯一の方法は、パニックの動機を取り去ることです。だから、預金保険外であっても政府は銀行の債務を保証し、銀行の資本を増強するのです。さもないと銀行は資産を投げ売り価格で処分する圧力にさらされ、これがますます資本欠乏を激化させます。資本増強は支払不能をさけるためには欠かせないし、保証も流動性を保持するのに不可欠なのです。そして、金融機関の債権者に対して、返済の保証がないと、金融市場の不確実性はなくなりません。これはたしかに税金の浪費であり、モラルハザードであっても、金融危機の最中には背に腹はかえられない、一種の必要悪なのです〈〈Geithner〉258,347,770〉。

それを示す事件を一例挙げます。２００８年９月29日の**トリプルセブン事件**です。金融危機を鎮めるためには銀行への公的資金投入は絶対不可欠のはずなのに、市場の予想に反し、米国下院はＴＡＲＰを否決しました。市場はパニックに陥り、ダウ平均は史上最大の下げ幅となりました（７７７ドルの下落）。それまでの９・11の下げ幅の記録を更新します。これでいっぺんに公的資金賛成の空気に転じ、ＴＡＲＰは10月３日に可決されました。リーマン破綻による大混乱が起きるまではＡＩＧには公的資金を投入しないと言明していた米国政府、Ｆｅｄの方針が一変したことと同じような流れです。

バブル崩壊で破綻した金融機関に公的資金を投入するのは厳しい批判があります。これはどこの資本主義国でも同じです。金融危機の当初は、政治的に公的資金投入は困難ですが、ひとたび実際に大金融危機が大爆発すれば、一転、公的資金の投入やむなしの空気が支配します。むしろ貸し渋り対策として積極的に公的資金を投入せよという風潮に変わります。

バブル崩壊後の日本もそうでした。１９９５年、住専問題で６８５０億円の公的資金が投入された時、世論の大きな反発を呼びましたが、その後、合計12兆４０００億円強の公的資金が投入されました。１９９７年秋、三洋証券と北海道拓殖銀行の破綻や山一証券の廃業のように金融不安が拡がると、公的資本注入は受け入れられやすくなったのです〈岩田〉185-6)。

●必要悪の公的資金投入は意外に採算性が高い——利益をつけて回収

何かと評判のわるい、金融システムへの公的資金投入ですが、その費用対効果を確認しておきます。まずＴＡＲＰの効果の効果です。４１２０億ドルがＴＡＲＰで投資され、２０１４年の時点には124億ドルだけが残り、2015年10月9日の時点、98・7％を回収していました。TARPの主な損失は銀行への投資の分でなく、自動車の投資の分でした。またTARP以外に、住宅金融公社2社は政府から1870億ドルを受けましたが、2014年間までに1920億ドルを返済しています（〈Scott〉260-1）。米国政府が金融危機の時、保証、資本注入、ローン、その他の支援に投じた額はピーク時には7兆ドル近くに膨らみました。しかしこの公的資金動員も解除され、結果的には納税者と経済双方に大きな収益をもたらしたのです（〈Geithner〉562）

IMFは2009年4月には金融システムを救う直接的費用を2兆ドルと見積もっていましたが、2013年末の時点、米国の金融救済計画は1500億ドル以上もの黒字を納税者に生んでいます（〈Geithner〉53）。AIGは5年も経たず、13年3月に公的資金を完済しています。一方、自動車の場合、米政府は13年末、保有していたGM株を損切りの形ですべて売却しています（日経2016年12月11日）。

総合すると米国の公的資金投入はかなりよいパフォーマンスなのです。1980年代にコンチネンタル・イリノイ銀行の救済には11億ドルのコストがかかり、貯蓄貸付組合の危機の時、納税者はコストの81％、1238億ドルを負担しました。これに対し、TARPにおける銀行の救済の場合、納税の損失はほとんどなく、全体として利益が出ているのです。

第8章　公的資金をけちって大惨事になったリーマン破綻処理

リーマンだけのけ者扱いの謎

第1節　公的資金投入反対が一変したわけ

●リーマン恐慌のような惨劇を想定していなかったポールソン財務長官

前章の最終節で公的資金は必要悪であると説明しておきました。本章では、この必要悪を回避したために起きた大惨事の顚末を振りかえってみます。リーマン恐慌の時にリーマンだけは公的資金の支援を受けませんでした。他の金融機関は何でもありの公的支援の対象になったのに。この違いは一体どこから起こるのか？　本章はそれを取り上げていきます。これなしにリーマン・ショックの真相など語れないでしょう。

第6章第3節でもふれたとおり、リーマンが公的資金援助を受けなかった理由は、①リーマンが債務超過だったのでFedから融資を受ける担保がなかった、②当時は政府がリーマンに資本注入する権限はなかった、③民間から資本を調達させない限り救済できない、というものでした。

この説明に従えば、AIGにも公的資金を投入せず、自己責任にさせておくはずです。またMMFやCP市場、さらには預金保険外の銀行債務への保証などありえないはずです。この説明は9月15日のリーマン破綻を境に一変しました。

ポールソンは9月15日夕方、GEがCPを売れないトラブルに驚愕し、大恐慌が再来すると思ったそうです〈Paulson〉227-8)。リーマンが破綻し、そのリーマンのCPを買っていたMMFが元本割れし、償還請求という取り付けにあえば、MMFがGEのCPなど買う余裕はなくなるはずです。このような連鎖もポールソンには予想外とは予想外です。すでに9月8日の時点、ポールソンはGEでもCP発行が困難になっていたことを伝えられていたのですから〈Paulson〉172)。またMMFの動向次第で金融市場が混乱に陥ることは、MMFに対するカントリーワイド、トライパーティ決済銀行との関係、ベアー・スターンズとの関係で幾度も予期しており、その対策にも追われていたはずです。このような経緯はポールソン本人が回顧録に記していることです(第3章第2~4節参照)。

ポールソンの暢気さは翌9月16日の朝にも再現されます。ロンドンのリーマンのブローカー・ディーラー(LBIE)が英国の破産手続きをうけて顧客の資産が差し押さえられたことを、「全く予期しない、そしてとんでもない動揺が起こりえる」と語ったそうです〈Paulson〉230〈Ball〉220-1,225)。これでさすがに、リーマンに対してとった公的資金投入反対ではまずいと観念したのでしょう。一転、何でもありの公的資金投入の人、ミスター・ベイルアウト(救済)に変身です。

●リーマンのロンドン営業が停止されて大混乱に陥った世界のレポ取引

リーマンなどの投資銀行はプライム・ブローカレッジ取引を通じてヘッジファンドから預かっている証拠金や担保を自身の取引の資金調達源にしてきました(再担保金融)。リーマンは山一証券とレバレッジ兄弟の契りを結んでいたことになります。

米国財務省もリーマンが破綻した場合、連鎖反応で大惨事が起こる可能性は当然意識していたはずです。だからリーマン親会社（LBHI）の破産手続きの後もブローカーディーラーの活動は認め、連銀はリーマンの取引に関し、アメリカ国内でのブローカー業務を継続させています。国内ではそれなりに整然と取引の縮小整理が可能だったのです。

しかし国外は勝手が違います。米国通貨当局はこれに気づいていなかったようです。グローバル金融危機の対応の難しさです。グローバルな金融機関の破綻処理は一国レベルで済まない。リーマンのロンドンの現地法人（LBIE）のブローカーディーラーは米国でなく英国の法律に従います。金融のグローバル化と主権との兼ね合いは微妙なのです。米国でリーマンのブローカーディーラー業務が継続できても、英国ではその部門は完全閉鎖されます。

しかしこんなことをされたらリーマンの顧客はたまったものでありません。それが再担保金融の問題だったのです。リーマンなど投資銀行の再担保金融の主な活動の場はニューヨークでなくロンドンなのです。ところが、このロンドンのリーマンを通じて取引を行なっていた複数のヘッジファンドが突然取引を絶たれました。レバレッジ取引で膨張させていた心臓はサドンストップです。レバレッジを急激に解消しようとしても、あるいはロンドン・リーマンから資産を引き出そうとしても、取引が閉鎖されていてはそんなことできるはずがありません。したがって多くのヘッジファンドは流動性維持のため、資産を投げ売りします。これがさらに市場に圧力を加えます〈〈Sorkin〉396-7.540-1〈日経〉90〉。ロンドン・リーマンに預けた資産が戻りそうもないヘッジファンドの首脳の中に自殺者が出てしまったのです〈〈Scott〉47〉。ヘッジファンドは顧客からの償還請求に応じるはずの資産を持っているのに自由に使えなくなったのです。

リーマンは英国で数千人雇っており、その本国の破綻はロンドンにも連鎖反応するのはわかりきったことでした。当時の英国財務省ダーリングの不安は的中します。ベアーよりずっと大きいリーマンはその取引の50％をロンドンの子会社を通じて行なっていたのに、そこから客は資産を引き出せなくなってしまいました。ダーリングは、ネズミの仲間のレミング集団が断崖に突進し海に転げ落ちて死ぬように、世界の金融システムが崩壊に突き進んでいることを米国側が気がつかないのに当惑します〈Darling〉118,120〉。当時日銀総裁だった白川も、リーマンについては、ベアーと同じ破綻処理をすべきとの考えであったので、米国通貨当局がリーマンに対して連邦破産法を申請させたことは「信じられない決定」〈〈白川〉242〉であると回想しています。筆者も米国財務省やＦｅｄがヘマをやったとしか言いようがありません。まさにレミングの集団のように、世界の金融機関は崩壊に向かってまっしぐらの状態になったのです。

モルガンスタンレー、ゴールドマンサックスのヘッジファンドや他の顧客も預託した資産を引き出し始め、これをＪＰモルガン、クレディスイス、ドイツ銀行へと移します。このような引き出しが起きたのは、ヘッジファンド自身も顧客からの償還請求が進行していたためです。ヘッジファンドなどは自分の担保の再担保を許容しなくなり、勘定分離を要求した結果、プライムブローカーに利用できる担保は劇的に減少しました。Ｆｅｄが両社を9月21日、銀行持ち株会社に転換すると発表しても両社への取り付けは止みません。取り付けが緩和したのは、次の月にＦＤＩＣが新規の無担保銀行シニア銀行債を保証してからです。10月13日、ＦＤＩＣは２００９年６月30日までに発行された無担保シニア債券を保証し、２００９年を通じ、規模にかかわらず、すべての取引勘定を守ると明言したのです。それは、今回の恐慌が〝純粋に流動性ベースのパニック〟でなく、主要な金融機関が支払い能力が疑われたためです。資本注入や債務保証は不可欠なのです。これはＦｅｄでなく、政府の話です。この脈絡でいれば、ＴＡＲＰとＦＤＩＣの銀行債務保証が決定的な役割を果たしたことになります。

第2節　バージンロードならぬ Maiden Lane の危うさ――Ｆｅｄが融資の対価に受けたベアー、ＡＩＧ担保は実はいずれも不足

●担保価値に関し、リーマンとＡＩＧ、ベアーは違いないのに、リーマンだけに融資拒否

当時のＦｅｄ議長バーナンキはリーマンに公的資金を投入せず、ＡＩＧには投入したのは、前者が債務超過、後者が純資産があったからと説明していますが、それも怪しいのです。なぜならＦｅｄがＡＩＧ救済絡みで融資していたMaiden Lane IIは担保不足が２００９年半ばに21億ドル、Maiden Lane IIIの場合、27億ドルに拡大していました。担保不足ならふつう、追加担保を求めるはずですが、それもありませんでした。レポ取引で差し出される担保の場合、毎日値洗いされるので、値洗い次第では追加担保を請求されるはずです。ＡＩＧ絡みのペーパーカンパニー融資ではこのような担保値洗いは特に聞きません。幸いにも、しかし最終的には担保価値は復活し、ローンは全部返済されましたが〈Ball〉191-2)。

さらに言えば、ベアーの資産を買い取ったMaiden Lane Iの場合も、担保不足が発覚していました。２０１８年4月、Maiden Lane Iの不動産担保証券の90％以上はＡＡＡの格付けでしたが、2年後はＡＡＡは19％だけ、ＣＣＣあるいはそれ以下は48％です。これでＦｅｄのローンは

担保不足になりました。幸運にも、金融危機が収まるにつれて、Maiden Lane Iの資産は上昇し〈Ball〉179-81〉、Ｆｅｄは２０１２年６月にローン完済を報告できました。

とすれば、ベアーやＡＩＧに対するローンを与えたのは、両社は債務超過ではなかったからというのは理由にはなりません。そもそもＦｅｄのローンの担保（証券化商品）の価値は景気の動向で上下に激しく変動するものです。だからこれを理由に融資するのは無理があります。貸し出し先が債務超過であるか否かにかかわらず、Ｆｅｄは連邦準備法Section13（3）条項の「尋常ならぬ急迫した状況」（"unusual and exigent circumstances"）を活用し、恐慌の緊急時にローンを与えるという伝家の宝刀を抜いたのです。同条項によれば、特別の場合、非預金機関、あるいは事業会社にも融資が行なえるのです〈Ball〉133,154,157〉。

ところがこれがリーマンには適応されませんでした。Section13（3）条項の場合、Ｆｅｄが求める満足のいく担保とは、ローンが返済されるという条件を満たすものなのです。実際に返済されるまでは、担保の価値が供与したローンよりも少なくなっていてもよいという運用です。結果的に返済されればよいのです。同条項によれば、Ｆｅｄは救済対象となる企業が他の銀行機関から適正な信用を得られない時に貸し出すというのです。リーマンには十分な担保がなかったということですが、その理屈でいけば、ＡＩＧやベアーの出した担保も同じことです。しかも、９月15日の後もＦｅｄはリーマン親会社の傘下にあったニューヨークのブローカーディーラー（LBI）にはＰＤＣＦを通じ貸出を続行しています。ＰＤＣＦは投機的等級の証券や株式を担保として受け入れないことになっていますが、９月15日以降のＰＤＣＦはリーマンの質の劣る証券を担保として受け入れています。他の投資銀行に対しても同様です〈Ball〉53,73,88〉。そしてこの証券は担保不足になっている時期もあったのです。

同じような問題はバンク・オブ・アメリカがメリルリンチを買収した時にも起きています。リーマンが破綻した同じ9月15日、同行が赤字決算に陥っていた全米第3位の投資銀行メリル・リンチを救済買収したのは、Ｆｅｄや財務省の依頼があったからですが、買収した後にメリルの損失が想定以上だったことに驚きます。損失が大きかったことを知らされていれば買収などに乗らなかったとバーナンキなどに文句を言ったくらいです〈Paulson〉428-30)。

●同じリーマンなのに、リーマンのロンドン現地法人とニューヨーク法人には何の差がある？

リーマン持ち株会社（LBHI）の破産の後もＦｅｄは同社のニューヨークのブローカーディーラー（LBI）の営業を維持し続けるため、9月15日から9月18日の間に２００億ドル～２８０億ドルを貸しています。これはバーナンキの表向きの説明と反する行為です。なぜなら、この担保にはかなりの量のリスキーな非流動的資産が入っているからです。9月15日におかれた担保の28％は投機的等級、格付けなしの証券、あるいは株でした。しかもこれらは何とリーマン自身の信用がバックとなっているものが主であり、そもそも全然取引されたこともなかった代物です。投資適格証券となっているものも、そのいくつかは実際は非流動的であり、疑わしい価値だったのです。ところがＦｅｄ側はこの担保価値に関しほとんど言及していません。ガイトナーの覚書にローンは高い質の資産で担保されているとされて記録されていますが、当のリーマン側さえ、この担保には質の悪い物が入っていると証言しています〈Ball〉104)。

ゴールドマンとモルガンスタンレーもリーマン破綻直後の激しい資金流出の際には、ＰＤＣＦ

とＴＳＬＦを活用した借入で流動性流出をカバーしていましたが、その担保には投機的等級の証券も含まれています。特にモルガンスタンレーの場合、９月29日に１０７０億ドルも借りていましたが、これは同社の流動性プール（９月半ばに５５０億ドル）のほぼ2倍です。それだけ同社の資金流出が激しかったということであり、Ｆｅｄの支援がなかったならモルガンの現金は尽きたはずです。担保の質の話など言っている余裕はなかったはずです。ということはリーマン以外の生き残った投資銀行もリーマン同様、担保不足だったということです。だから投資銀行はＰＤＣＦにおける担保受け入れ条件の拡張をフル活用します。借り手は合計１６４０億ドルの担保をおきましたが、リーマン破綻直前の９月14日以前ならば、せいぜい４６０億ドルしか受け入れられなかったそうです。増加できたのは、投機的等級の証券１８０億ドル、格付けがない証券が２８０億ドルも担保に入っていたからなのです〈Ball〉103)。

Ｆｅｄはモルガンスタンレーとゴールドマンの業務を存続させるためにニューヨーク、ロンドンの両都市の子会社にＰＤＣＦを拡大しています。ＦｅｄがＰＤＣＦで受け入れた両社からの担保はニューヨークのリーマン（LBI）のそれと同じように、質の低い物もありました。ＰＤＣＦは借入がピークだった時期、モルガンスタンレーの分はトリプルＣあるいはそれ以下のものもあったのです〈Ball〉158,178-9)。

何かとリーマンの財務内容の悪さを融資拒否の理由にしたがるバーナンキですが、実際にはＦｅｄは毒性のトクシックな資産もＰＤＣＦに受け入れています。バーナンキは肝心のその担保の質の話は証言では何もしていないそうです。リーマン危機を流動性危機として処理すれば、ＰＤＣＦ適格担保を持っていたリーマンは資金繰りをつけることができたはずです〈Ball〉133,154,157)。

●シティバンクの処理には活かされたリーマンの教訓──シティバンクを軸にドミノの危険

シティバンクはリーマンの3倍の規模です。多くの不動産担保証券をオンバランス、オフバランスの双方に抱え、しかも他の大きな米国の銀行に比べても資金調達がかなり危うい構造でした。同行はTARPによる資本注入の後も損失が増加し続けました。そうした中、11月12日に、ポールソン財務長官が財務省は非流動性資産はもう買わないと発表しました。しかし、流動性を供給する体制を確保し、金融機関の債務を保証することが不可欠な時であり、しかも同行が最も弱い環であるように見えたときに、政府がシティバンクの後ろ盾にならないと受け取られるような発言をしてしまえば、世界の資金供給の多くを担い、バランスシートが2兆ドルの機関は持ちこたえるわけがありません。だからこのような破局を回避するために、シティバンクの資産の損失を吸収できるよう、同行の薄い資本を厚くするためTARPを追加注入し、最悪のシナリオは回避しました（〈Geithner〉384-386）。

第3節　リーマンは本当に債務超過だったのか？もしそうでも救済を断る理由になるの？

●リーマンの純資産の計算は一筋縄ではいかない

8月31日、リーマンの債務総額は5720億ドルでしたが、その中の1150億ドルは長期債務なので、リーマンが当面、必要になる現金は4570億ドルです。対するリーマンの資産は6000億ドルです。リーマンは帳簿操作をするなど怪しい経営であり（米倉②〉79-85）、300億ドル分は過大評価と言われていても、真水の資産は5700億ドルなので、支払いに必要な現金は確保できるはずです。リーマンが市場の信認を失って民間レポ取引をできなくなっても、ＦｅｄがＰＤＣＦでこの資産を担保に受け入れ、しかもそのヘアカットを25％程度と高めにしたとしても、４５７０億ドルの短期債務の返済は見込めます。リーマンが保有するＰＤＣＦ適格担保は控えめに見ても少なくとも１３１０億ドルあり、９月15日に支払い必要な予想額の８８０億ドルよりもずっと多いのです。だからＰＤＣＦの便宜があれば、業務継続は可能のはずです（〈Ball〉99,105）。

リーマン元副会長のロッソ氏によると、Ｆｅｄから融資を受けるのに十分な担保をリーマンが持っていたことは、「のちの専門家の調査でも証明されて」おり、最大で必要な額を35％上回る担保を持っていたとも説明しています。たしかに担保がなければ、Ｆｅｄは融資できませんが、同氏によれば、担保不足と判断する文書はないとのことです（日経2018年9月9日）。融資を断った理由は政治的要因が強く作用していたようです。当時08年9月は共和党・ブッシュ政権は任期満了を迎えつつあり、ベアーや住宅金融公社2社に公的支援を与えていたために、「強欲なウォール街を救う」という批判が議会や社会全体に強まっていましたから。

さて問題となる9月15日に始まる現金需要の８８０億ドルですが、この内、６６０億ドルはレポ更新ができなくなったから必要になった分です。だからレポ更新を断った取引相手に代わってＦｅｄがＰＤＣＦを通じたレポ取引の便宜を与えれば、リーマンは６６０億ドルの支払い分も確保できます。しかも、この種のＰＤＣＦが9月14日に拡大が決定されていたのです。（〈Ball〉105）。

●背後から一太刀を浴びせられたリーマン

だから予定どおりにいけば、リーマンは資金繰りに行き詰まるはずがなかったのです。ところがリーマンはとんでもない目にあいます。親会社のLBHIは破産手続きをしましたが、Fedは市場の混乱を緩和するため、ニューヨークのリーマンのブローカーディーラー（LBI）に資金を貸し続けます。ところが同じリーマンのロンドンのブローカーディーラー（LBIE）への貸し出しは断りました。同じ投資銀行であるモルガンスタンレーとゴールドマンサックスのロンドンのブローカーディーラーにはPDCFが適用されているのにもかかわらず。そのためリーマンのロンドンのブローカー（LBIE）が9月15日に必要としていた現金を確保できません。本来ならば、ニューヨークのLBIがFedから借りた資金を同じリーマン・グループのロンドンのLBIEに回せばいいはずです。リーマンも9月14日、そのように計画していました。そしてFedも14日の時点にPDCFの適用範囲を大幅に拡大することにしていました。しかしFedの規則（"Friday criterion."）では、このPDCFは12日の金曜日の時点でニューヨークのLBIのバランスシートにある担保にしか適用できません。だからロンドンのLBIEは15日にニューヨークのLBIに担保を移してもPDCFの適用は受けられないというのです〈Ball〉146)。

これにはリーマンもびっくりです。リーマンの頭目のファルドはこの点について後の調査委員会で不満を表明します。9月14日（日曜日）にFedはPDCFに適応される担保の範囲を拡大したのに、リーマンだけがこれを拒絶された。リーマンも他の投資銀行と同じ扱いを受けていれば、日曜日の夕方まで遅くなっても、秩序だった整理や買収が可能だったであろうし、それにより次におきた恐慌を緩和することができたであろうと言うのです〈Ball〉146)。ファルドによれば、リーマン側にも担保拡大を適用することが伝えられたそうです。リーマンはPDCFに使える担保を確保でき、これで一安心のはずでした。ところが40分後にリーマンには貸出便宜はないと伝えられたそうです〈Ball〉152)。9月15日から9月18日の間にも米国のリーマンLBIにはPDCFを適用されました。しかも、リーマンの人間さえもが毒（トクシック）な非常に質の悪い資産であるというものでさえPDCFの担保になっていたのです。しかし、ロンドンのLBIEあるいは親会社のLBHは違う扱いです。LBIEへのローンはPDCFの通常の取引ではないというのが理由です。

これはリーマンにとってみれば、めちゃくちゃな話です。レポ取引はニューヨークよりもロンドンのほうが制限が緩い。特に再担保金融が。だからリーマンの主要なレポ取引はロンドンにある。しかしそのロンドンでPDCFが使えないというのです。

●リーマンだけがなぜのけ者？――リーマン頭目の苦痛の証言

前章でみたとおり、史上空前の世界金融危機に史上空前の何でもありの米国の財務省、Fedの金融機関救済・支援がくり広げられたわけです。リーマン破綻後、さらなる大きな金融機関やファンドが苦境に陥った時、いわば何でもありの救済措置が駆使されたのです。一人、リーマンを除き。

この点、筆者にはリーマンの頭領ファルドの言葉が赤くさびた釘のように、重くずしりと心に突き刺さります。ほかの金融機関を救うのに何でもありの措置を講じたのに、なぜリーマンだけにそれがないのか？「その疑問は墓に埋められるまで続くでしょう」(2008年10月6日，議会公聴会，

〈Sorkin〉510)。

まさにファルドの疑問に当てはまるのが、リーマン恐慌なのです。実際、ボルカーに言わせれば、この金融危機は「自分が今までに経験した金融恐慌の中で中で一番、複雑に入り交じり合ったものである」(〈Bernanke②〉247より)。1982年の途上国債務危機、1984年当時では米国最大の銀行倒産(コンチネンタル・イリノイ銀行)を知っているボルカーでさえも、「一番、複雑に入り交じり合ったもの」なのです。リーマンだけがのけ者にされたわけも、「複雑に入り交じり合ったもの」の一つなのでしょうか?

●安物買いの銭失い——リーマンへ880億ドルの融資を拒否したばかりに7兆ドルの公的資金を投入するはめに

当時は政府がリーマンに資本注入する権限はなかったというのも実はおかしな話です。

ダーリングはブッシュ大統領には強大な権限があるのに、必要な処置をとれないことにびっくりです。ダーリングは英国の議会上の権限がないのに、救済のために英国の銀行の株を500億ポンド買う小切手を切ったのです。そもそも金融危機の対策のために必要な処置がとれないというのであれば、一体何のために大統領がいるのかわかりません。フレディマック、ファニーメイの2公社の場合、債務超過でしたが、政府が救済しました。金融機関が債務超過であっても、財政による救済が法律上可能な場合、援助が発動されます。住宅ローン市場、債券市場で重要な役割を果たしているからです。リーマンについては財務省による救済は法律上担保されていないというのであれば(〈伊豆〉65-67)、新たに特別な法的手続きをとればよいことです。

リーマンが破綻する直前の米国側の行動も不可思議です。リーマンの買収相手は条件次第で見つけ出せるはずでした。バークレイズによる合併が不調に終わった時点で、米国政府はリーマンを救う術がなくなったと言いますが、これもおかしな話です。ベアー救済の時、政府はＪＰモルガンにベアーを買収をさせましたが、その時の条件はベアー自体は引き取るが、問題の資産は引き取らないことでした。危ない資産の大半はＦｅｄのペーパーカンパニー（Maiden Lane I）に引き取らせました。買収契約の成立前からベアーの取引に伴う損失もすべてを保証させました。つまり、米国政府は迂回的ながらもＪＰモルガンに資金援助しているのです。ところがバークレイズによるリーマン買収の件では資金援助の提案はありませんでした。米国政府はすでに２公社に莫大な額の公的資金を投入しており、公的資金投入の件で身動きがとれない状況だったのでしょう。米国政府の保証、あるいは資金援助がなければ、英国のバークレーにとってはリスクが大きすぎます。またこの買収に関し慎重だった英国の政治家の不安を緩和できるはずがありません（〈Sorkin〉540-1）。

米国政府の負担がなければ、米国国民に代わり、英国国民が税負担することになりますが、その負担感は米国の４倍もあります。なぜなら、リーマンが死んだ時点、連合王国の銀行資産は同国のＧＤＰの４倍。米国のそれはちょうど自国ＧＤＰと同じ規模だからです。したがって、ポールソンが回顧録で指摘するとおり、英国は米国の何らかの支援なしに自国のバークレーが買収する際のリスクは負えないのです〈McDonald〉218〈Paulson〉211〈Darling〉118,120）。英国側は米国の癌を引き取るようなことはしたくないのです。

バーナンキの話も不可思議です。リーマンを救済しなかったのは債務超過だったというのが最初の説明でした。その後、救済する権限がなかったという説明を加えます。なぜでしょう。ベアーなどの他の投資銀行に緊急融資した時、担保不足になっている可能性が高かったはずです。だから担保不足で拒否する理由にならない。そこで救済する権限はなかったとの理由を付け加えたのではないでしょうか？

　この点、超婉曲的ではありますが、白川元日銀総裁も同様の疑問を寄せています。すなわち、ベアー・スターンズの救済の時には、「さまざまな金融システム安定化措置を講じてきたが、リーマンの時に融資しなかったのは本当に買収先が見つからなかったからだろうか。また、融資をしようにも担保が不足していたのだろうか。」（〈白川〉271）。もちろん何事にも慎重な発言をされる元総裁のこと、「私にはこれらの点を判断できる具体的な材料はないし、連邦準備法の解釈の妥当性を判断できる十分な専門的知識はない。」（同）そうです。

　２０１８年9月15日にリーマンへ緊急融資８８０億ドルを実行していたら、１００年に一度の金融上の津波は回避できたかもしれません。その時、５０００ドルの規模だったＦｅｄのバランスシートはＱＥ実施で4兆ドルに膨らみました。現在、当時の危機の時よりも世界の債務は膨張しており、その処理が不安材料になっています。これはすべて２００８年9月15日の大混乱をひき起こした**愚策の恐怖の代償**のようです。**８８０億ドルをけちって何と7兆ドルのお金がかかってしまった**のです。ヘーゲルではありませんが、歴史は繰り返します。一度目は悲劇。二度目は茶番の形で。さてリーマン・ショックはどちらなのでしょう？

第4節　金融危機処理における日米の腕比べ――角栄になれなかったポールソン

●リーマンと山一はレバレッジ兄弟

リーマンと山一には深い因縁があるようです。次に紹介する、2つの山一事件は、自国発の金融危機を国内に封じ込めて損失を負った日本と、金融危機を世界へバラマキまくって損失回避の点でアメリカ・ファーストを貫いた米国の違いをくっきり示してくれます。

しかもリーマンの危機は、山一証券の第一次危機（1965年）、第二次危機（1998年）の様相と類似する特徴があります。重要なことなのに、日米のいずれもあまり取り上げていないようです。

①その因縁第一：リーマンと山一の過剰レバレッジの手口は同じ

リーマンは顧客のヘッジファンドの預かり資産を利用して資産運用を膨張させます。自分が受け取った担保を自身の資金調達手段にします。顧客はその分の手数料を受け取る。次にこの担保を受け取った別の銀行がこれをまた担保として利用する。こうして一つの担保は何度も使い回しされます。金融上の綿菓子がに入道雲のようにモクモクと膨張するように、レバレッジも膨らむのです。

2007年までにプライマリーディーラーの7つの証券業者（投資銀行部門）は4・5兆ドルの資金を再担保金融で入手します（データに記録されない影の銀行を含めれば10兆ドル）。ロンドンは米国と違いこの方式の規制が緩いので、リーマンはロンドンを再担保金融の主要な場とします。リーマンが破綻すれば再担保金融方式で資産をリーマンに託していた顧客もリーマンの破産に巻き込まれます。

リーマンが破綻した時、英国金融当局はロンドンのリーマンの顧客の資産もリーマン自身の資産と同様、差し押さえました。資産保全のためです。リーマンから担保を受け取った顧客は自分のものであると主張したいのですが、これはもともとはリーマンが別の顧客から預かったものかもしれません。再担保方式で運用されている資産をリーマンのものか、それとも別の顧客のものなのか、それを判別するのには時間がかかります。リーマン破産でこの再担保金融は湿けた綿菓子がしぼむように、4・5兆ドルから2・1兆ドルの規模に収縮しました〈米倉②〉42-5〈米倉③〉75-8)。

実はこのような手法は、すでに1964年に山一が活用しています(運用預かり)。証券会社は長期信用銀行が発行する金融債を受託販売し、これを買った顧客に品貸料を付してこの金融債を銀行借り入れやコールマネーの担保として使い、投機的売買益を得るための株式買い付け資金に使います。さらにはこの株式を担保に資金を借り、株式取引を膨らまします。これで株価上昇のメカニズムが築き上げられます〈粕屋・伊藤・橋本〉310,312)。山一はこの種の取引に熱心でしたが、高騰した金利負担が一気に重くなり、経営危機に陥ったことが報道されました。これがきっかけで全国一斉に運用預かりの解約が殺到します。まさに取り付けによる信用不安そのものです。

●同じ財務大臣でも角栄とポールソンでは雲泥の差

この騒ぎに対し「証券恐慌は即金融恐慌につながるという確信を持っていた」のが、当時の大蔵大臣、田中角栄であり、山一に対し、旧日銀法第25条による日銀特融を発動しました。世間は一私企業の問題にこの特融発動へ強く反対しましたが、**角栄は今でいえば、リーマン破綻のようなシステミック・リスクの発現を未然に防ぐことを優先させた**のです。金融恐慌の発現の恐れがある時は、あるいは金融危機で市場に流動性が枯渇する場合、中央銀行の日銀の最後の貸し手（Lender of Last Resort）の役割が不可欠なのです〈武田〉19）。

この意味で角栄はリーマンを救済しなかった米国のポールソンとは大違い。角栄とポールマンの日米財務相の判断力の差でしょう。山一は返済には18～19年かかるとみられていた特融をわずか4年4カ月で返済し終えます。ポールソンやバーナンキもこの日本の例を参考にして、起こりうる恐慌の事態を予想しておけば、対応が違ったはずです〈〈草野〉1,31-4,124,151,161,193,202,204〈渕田〉86-87）（『日経』昭和43年9月20日＝〈草野〉193より）。

②その因縁第二：バーナンキも実は日本のバブルからあまり学んでいない

大恐慌を研究し、日本のバブルもよく学んだと豪語するバーナンキのようですが、2度目の山一危機（1997年11月の山一の自主廃業）からもあまり学んでいないようです。日銀は山一に対し特融しました。同社は国内ではノンバンクであり、銀行のような決済機能機関ではないのですが、海外では銀行業を営み、国際的にも知名度が高い（当時、日本の四大証券のひとつ）。だから、日銀は山一が債務超過の恐れがあるのに特融を実行しました。山一を破産処理させるのでなく、自主廃業にさせ、信用不安が国際的に波及するのを回避し、国内に封じ込めるためです。同社は特融の返済が滞ったので、日銀は2004年決算で1111億円の貸倒の損失を出しました〈武田〉22,24)。

一方、リーマンの場合、英国の管財人がロンドン拠点の資産を凍結したので、顧客がリーマンに預けていた証拠金や担保は回収できなくなり、グローバルな決済もできなくなりました。英国ばかりでなく、その他の世界の諸国はそれぞれの国のリーマンの取引を禁止するしかない。日本の山一処理は米国のような莫迦なことにはなりません。そんなことをすれば、影響は日本だけでなく、世界全体に混乱が広がってしまいます。だから日銀特融で山一の海外拠点の決済を終わらせる。そうすれば、海外の混乱は避けられます。

ではなぜ、米国は日本の山一方式を参考にしなかったのでしょう。特にリーマンは英国拠点で多額のレバレッジ、デリバティブ取引を行なっていた。それが凍結されるとどんな混乱が起きるか？　誰にでもわかる話です〈日経〉59-60,81)。ポールソンもバーナンキも本国だけを見て対処したようです。まさにアメリカ・ファーストです。

日本の場合、自分は損しても世界には迷惑をかけないようにしたのです。一方、米国の場合はどうでしょう。リーマン救済をけちり、危機を全世界に広げてしまいました。そして次は逆に、何でもありの方式で金融機関救済に乗り出しました。

以上のような筆者の解説は極端であるとの印象をお持ちの読者もいるでしょう。しかし、本書と同様の主張を、例によって超婉曲的に説明しているのが元白川日銀総裁です。これによれば、金融危機の時、中央銀行の貸出先が担保不足なのか、すなわち融資回収の可能性があるのかどうかは、判断が難しい。しかし、それよりも肝心なのはシステミック・リスクが生じる状況をどう防ぐのかにある。融資回収の可能性よりも、金融システムの崩壊阻止の方が優先されるとのことである。山一証券への特融は融資可能性に関し判断は微妙であり、実際、結果としてすべては融資回収できなかったが、リーマンの時と違い、世界的混乱は回避できたと説明しています〈白三〉271-2〈木下〉134-35,166)。

●アメリカ・ファーストの米国、ワールド・ファーストの日本

こうしてみれば、日本と米国の処理ではどちらが優れているのか、一目瞭然。バーナンキは日本の失われた10年をしっかり学んできたと言い続けてきましたが、２つの山一事件の例、すなわち日本国内の恐慌を世界に拡散させない方式は学び取れなかったようです。

リーマンの負債総額は６１３０億ドル。史上最大の大型倒産。山一の負債は３兆５０００億円。桁違いです。だから自国の恐慌を世界に拡散させてはいけない責任も米国のほうがはるかに大きいはずです。すでに日本は98年10月に、金融システムの不安を解消させるために大きな金融機関には公的資金を資本注入し、銀行の一時国有化も可能にするという法律を導入しています〈武田〉21)。リーマン危機の時、公的資金を資本注入できる法律がなかったとバーナンキやポールソンは言い訳しています。これで本当に日本の失われた10年をしっかり学んできたといえるのでしょうか?

逆に日本は米国を教訓にしています。２０１３年の預金保険法改正で、公的資金投入の対象は銀行だけでなく金融システム上重要な機関である証券会社、保険会社にも拡大しています〈日経〉69)。リーマン・ショックの事例を教訓にした日本。二つの山一事件を教訓にできていない米国のちがいということです。

●またまた米国が日本に学んでいない事例

実は米国側が日本の失敗に学んでいない例はまだあります。1997年11月3日、三洋証券が倒産し、金融市場はパニックとなりました。地方の小さな金融機関（群馬中央信用金庫）は三洋証券に10月31日金曜日に貸し付けていた無担保コール翌日物10億円（返済は三連休後の11月4日火曜日）のお金が戻って来なかったからです。金融機関同士が超短期で資金を融通しあうコール市場は、必ず返済されることを前提とした市場です。金融市場にとって、不渡りがないはずのコール市場にその不渡りが発生するのはたいへんなことなのです。ところが1997年11月4日裁判所の資産保全命令で三洋証券はこの資金を返済できなくなりました。大蔵省が三洋証券にコール市場での借金を返済させた後で会社更生法を申請させておけば、戦後初の金融機関のデフォルトはさけられたはずです。デフォルトは起きないはずの短期市場で、逆にデフォルトが起きてしまった。誰もコール市場に資金を出さなくなります。山一を筆頭に、特に危ないと囁かれる金融機関はかなりあり、そのような金融機関が短期のコール市場で資金を取れなければ、支払い不能の連鎖がおこります。こうして三洋証券の倒産は、拓銀と山一の倒産、翌年の長銀と日債銀の破綻の連鎖反応を呼んだのです（〈錯田〉89）。

さてこの時の日本の教訓はアメリカで活かされたのでしょうか？　その反対です。日本側はリーマンの対処については、ベアーの場合と同様、公的資金を投入で対処するよう求めていたのですが、結果は「最悪のシナリオが現実になった」（元日銀副総裁、中曽宏、当時、日銀の金融市場局長）。

中曽によれば、「危機の発端は米サブプライムローン問題だったが、最大のリスクは欧州銀行を中心とした世界的なドル不足にあった」（日経2013年11月17日〈日経〉196-7）。このドル不足は、レポ取引などで過大なレバレッジをかけて短期ドル借入で流動性の低い不動産担保証券に過大投資し、その急激な解消が世界中で迫られていた時期のことです。そういう時に公的関与なしにリーマンを破綻させればどういうことになるのか？　市場はtoo big to failの予想に立っています。ベアー、2公社の場合と同様、市場は当局が何らかの救済措置を打ち出すと予想していました。

市場はこの予想が裏切られ、全世界は大混乱に陥りました。銀行間市場では、次のリーマン探しが始まります。第二のリーマンの出現を恐れ、金融機関はお互い市場へ資金を出すのを止め、銀行間市場で資金取引が全面ストップしたのです。多くの銀行が資金難（特にドル調達難に）になったのです。

この意味で**リーマンブラザーズ破綻騒動は三洋証券処理の誤りの拡大版**なのです。日本の金融危機の超拡大版です。結局、リーマン破綻は世界経済を揺さぶり、後のユーロ圏のソブリン危機を誘発したのです。日本の金融危機をおおいに学んだとするバーナンキは、日本でのリーマン縮小版事件から何を学んでいたのでしょうか？

●米国は自国の事例も学んでいない

実はバーナンキは国内の経験からも学んでいないようです。それは**コンチネンタル・イリノイ銀行の処理**の場合です。同行も支払い不能の状態でした。債務超過と同じようなものです。しかし当時のＦＤＩＣは、これを破綻させれば世界金融市場にパニックが起こる恐れがあると判断し、同行を破綻させない手立てをとったのです（〈戸田〉217）。この銀行の4倍の規模のリーマンを破綻させていれば、どういうことになるのか？　すぐに想像がつくことです。

釈迦に説法ではありませんが、ハイエクも力説する通り、米国の１９１３‐14年の銀行大改革の主な目的は、パニックの時に資金繰りをつける（panic financing）権限のある機関を設立することであり（中央銀行の設立で具体化）、金融パニックの再発を抑えようとするものでした。１９０７年の金融恐慌の再発阻止を狙ったものなのです（〈Hayek〉13）。ところがリーマン・ショックではその創設精神が生かされていない。その意味でハイエクが１９２５年に指摘したことは今でも当てはまるかもしれません。「中央銀行の政策は余りにも長くよちよち歩きの科学のままであった」（〈Hayek〉22）。実際のところ、バーナンキは日本からあまり学んでいないという自覚は薄いようです。09年1月の米国の会議でいわく、「（98年の）日本はひどかった。自分は専門家で、そこから学んだレッスンもあって十分対応できる」と。これに対し、田中正明元三菱ＵＦＪ副社長がバーナンキが話し終わった瞬間、手を挙げて発言したそうです。「日本は金融恐慌を国内で封じ込めた。アメリカは危機が世界に広がったじゃないか」。バーナンキは「全くおっしゃる通り」と返したそうです（日経2018年9月18日）。

もちろん米国は偉大な国です。チャーチルの言うとおり、米国人は「あらゆる可能性が尽きた後に最後になってようやく正しいことをする」（〈Greenspan〉483）国民なのです。アメリカ・ファーストで自国本位で金融危機を処理したのに反し、金融危機の対応はすばやかったのです。90年代の日本に比べ、米国の迅速性は際立っています。資本注入も欧州よりも迅速でした。ストレステストに関しても、09年に大手銀行の資産査定を公表しましたが、ユーロ圏ではストレステストの遅れがたたり、ユーロ・ソブリン危機に陥り信頼性の回復も遅れたのです。

その点、白川前日総裁はチャーチルと同様、いささか皮肉を込めて米国の処理を評価しています。米国の場合、リーマンに対しては最後の貸し手として資金供給しなかったので、「金融システムは崩壊寸前」に陥ったが、そのような大混乱を招いたことによって、公的資本投入の法案（TARP）を承認できた。だから公的資本投入の問題先送りの日本と違い、「08年以降の米国は世界中に大きな経済混乱をもたらすことによって、結果的には金融システム問題を早期に解決することができたとも言える」（〈白川〉274））そうです。災い転じて福となすということでしょうか？　もちろん米国が意図的にそうしたとはとても考えられませんが。

後編

大いなる負の遺産――リーマン危機以降の10年間膨張し続けている世界の債務

第9章　金融危機で肥大化した政府・中央銀行

第1節　米国Fedは国内だけでなく世界の中央銀行

●米国の金融機関のドル欠乏は欧州に表出

2008年秋のリーマン・ショックは世界的な金融危機であり、それは世界的なドル流動性不足（ドル・ラッシュ）として爆発しました。米国だけでなく欧州の金融機関もその激流に呑み込まれました。そのひとつの理由には米国の金融機関の欧州の関連会社の苦境があったからです（**再担保金融問題**）。過大レバレッジの象徴の再担保金融がくり広げられていたのは本国の米国でなくロンドンでした。米国の銀行のドル資金繰りの問題は米国国内だけでは説明できないのです。米国の銀行は流動性不足を緩和するためにしばしば欧州の関連会社に依存していたのです。再担保金融がそのよい例であり、この再担保金融に取り付けが殺到したのです。リーマン・ショックとして世界金融危機が大爆発する発火点はここにあります。Fedによるリーマンへの仕打ち（9月13・14日の処置）はこの再担保金融から起こる取り付けの炎に油を注いだのです。実際、リーマンばかりでなく米国の有力投資銀行の大半が破綻の危機に直面していたので、Fedはドル流動性を欧州の金融機関に限ることなく、全世界へ無制限供給（担保付きの条件）したのです。

●Ｆｅｄの最後の貸し手（ＬＬＲ）は世界金融危機時におけるドル・スワップを通じ国際的にも機能拡大

２００８年秋のスワップの効果は絶大でした。それまで外国の銀行はドル不足でてんやわんやでした。銀行間市場、ＭＭＦ、為替スワップ市場におけるドル資金調達が逼迫したのです。外国の銀行はこのドル不足を補うため、米国の支店から大量に借ります。そして米国在の外国銀行の現地法人はＦｅｄからドルを借り、それを外国の本店に回していました。Ｆｅｄから資金供与を受けたのは米国よりも欧州の金融機関のほうが多かった。それだけ欧州の銀行のドル不足はきつかったのです。

しかしＦｅｄと自国の中央銀行の間のドル・スワップを通じ、当の外国の銀行が米国の現地法人や支店からでなく、自国の中央銀行から直接ドルを手に入れることができるようになりました。このおかげで外国の多くの銀行の米国支店も、本国の親銀行への貸し出しを減らせます。そして9月 - 12月の間にむしろ返済をしてもらえるようになります。実際、在米の欧銀はその期間、２９００億ドルの純受け手となっています〈Betraut & Pounder〉158-60〈Geithner〉388-9)。

欧州はアメリカの金融システムのひどさやサブプライム問題を批判していたのですが、結局は同じ穴の狢でした。彼らは多くのドルを借り、ブームの間に米国の不動産担保資産に投資していました。欧州も自身の激しい信用ブームを経験していたのです。それがフランスのＢＮＰパリバ事件であり、ドイツのＩＫＢ事件だったわけです。そして信用ブームが破裂すると、Ｆｅｄは欧州の銀行の米国内業務に対するローンと欧州の中央銀行を通じたドル・スワップの二本立てのドル供給で欧州の銀行システムの崩壊を防いだのです（〈Geithner〉673-4)。

このようにＦｅｄは金融恐慌におけるドル・ラッシュを緩和するために、自国でばかりでなく世界各国の中央銀行を通してドルを供給（しかも無制限に）していたのです。リーマン・ショックの震源地の米国Ｆｅｄは自国内にかぎらず、欧州を中心にドルを供給するネットワークを構築したのです〈中北①〉7-10〈中北②〉5-6）。このようなＦｅｄのドル供給ネットワークはユーロ・ソブリン危機の時も機能し、ドル建てファイナンスに頼っていたユーロ圏銀行はドル・スワップを通じＥＣＢからドル供給を受けていました〈米倉③〉103-6）。

ユーロ圏はリーマン・ショックとソブリン危機のダブル危機に襲われたのですが、そのいずれもドル・スワップに助けられているのです。世界金融危機でドルの圧倒的優位性が再度確認されたのです。このようなスワップ網のないユーロ、人民元は規模の割に限界通貨の域にとどまるしかありません。

ここに**Ｆｅｄの独自性**も再確認できます。他の先進諸国中央銀行は金融政策の目的を「物価の安定」としていますが、Ｆｅｄは連邦準備改正法を通じ「完全雇用の達成」も掲げています。２つの目的が併記されているのです。ドルを媒介手段とする国際的な資金決済網の緊張、逼迫から国際信用機構が動揺する場合、これを鎮めるのは国際信用機構の頂点に立つアメリカ中央銀行によるドルの無制限供給しかないのです。Ｆｅｄは米国国内でも従来のＬＬＲの枠を超えています。トライパーティ市場を支え、ＣＰ市場の後ろ盾となり、財務省もＭＭＦの元本を保証したのです〈Geithner〉388-9）。ただ、リーマンを救済しなかったという点でＬＬＲの域には達していなかったのですが（図５）。

このドルの絶大性を、ブラウン元英国首相、蔵相は適切に表現してくれます。Ｆｅｄの役割は

図５　Ｆｅｄの最後の貸し手機能（ＬＬＲ）はリーマン危機で激変

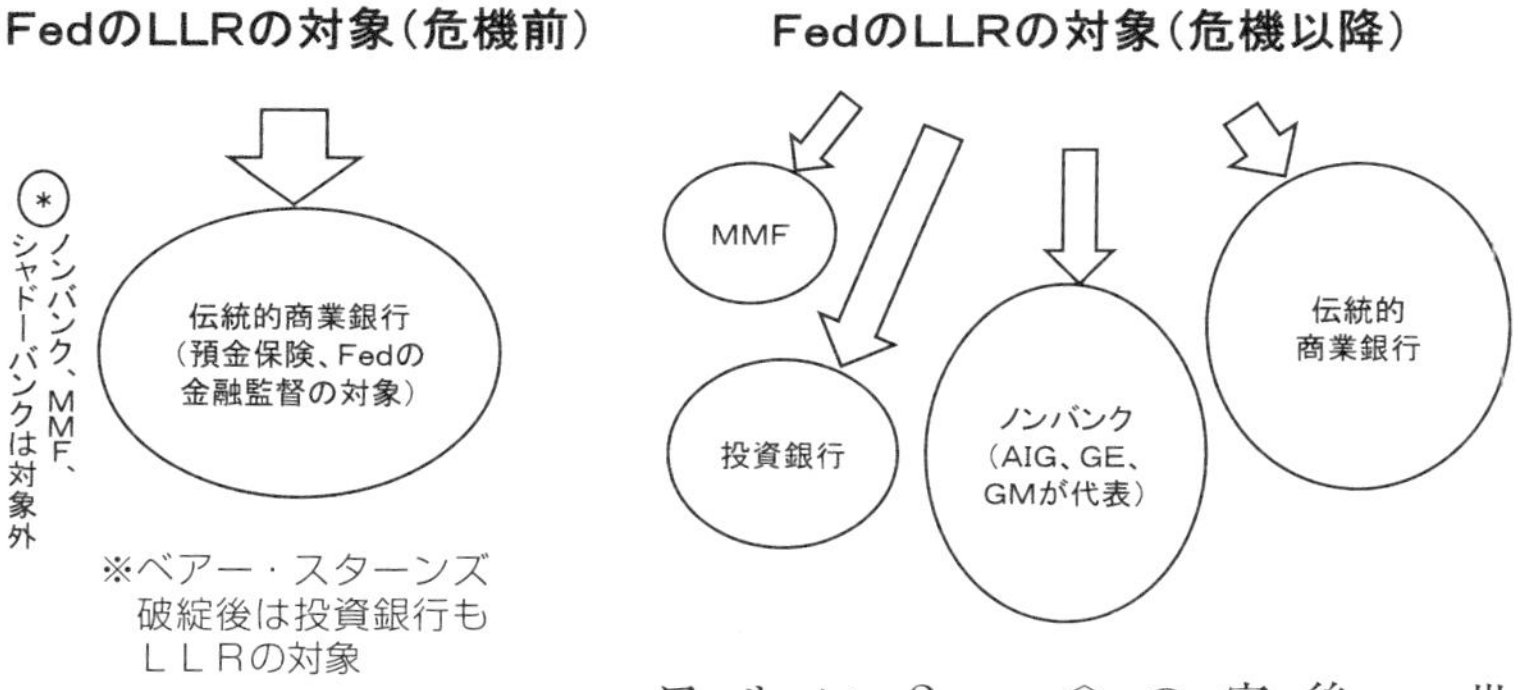

世界金融危機の度に拡大し、従来のＬＬＲから、世界の唯一の貸し手 "lender of only resort" に進化し、ＴＡＲＰ導入後はついに最後に頼れる買い手になったと形容しています。実に的を射た見方です。Ｆｅｄはその他の世界に対し、真の最後の貸し手になったのです（〈Brown〉144〈Geithner〉388-9〈田中〉252-3）。

そして確認すべきは、１９８７年のブラックマンデー、２００１年９・11事件、２００７‐08年の世界金融危機のいずれの場合も、世界の金融機関は最終的支払い手段のドルの確保に殺到し、その衝撃を緩和するためにドル・スワップ発動を切望していたのです。

第2節　金融危機の最中における政府と中央銀行の関係——「最後の貸し手」のバジョット原理の変容

●中央銀行には政府という背後霊がみえかくれ

ここで改めて、金融危機における政府と中央銀行の連携関係のあり方を確認して行きます。その場合、資金と資本の違いが重要です。中央銀行は金融機関や金融市場に流動性なる資金を供給しますが、政府は金融機関に資本を供給し、さらにはその債務を保証しなければなりません。

今回のリーマン・ショックで特に注意しなければならないのは、中央銀行は自身が監督対象としている銀行ばかりでなく、監督外のノンバンク＝非伝統的金融機関にも資金を供給しなければならなくなった事態です。この非伝統的機関が伝統的機関が受けていたようなセーフティネットなしに取り付けにあえば、その衝撃は確実に伝統的機関にも跳ね返ります。しかし流動性を供給するのが役割の中央銀行には、その衝撃のリスクのすべてを引き受けきることはできません。そのような場合には、政府が最終的に多くの範囲の金融機関の債務保証の枠を広げたり、公的資本を注入しなければなりません。これなしにパニックは避けられません。もちろんモラルハザードの危険があります。とはいえ、政府からの信用ある保証がなければマネーは金融システムから逃避し続けます（〈Geithner〉790-1）。マネーのエグゾダスです。

銀行はマネーを創出できても、人々の信認を失えば、それができなくなります。そのような時、最後の貸し手としてマネーを創出できるのは中央銀行だけです。しかし、それは支払い能力のある政府の徴税能力という支えがあって初めて可能なのです。「中央銀行を財政上保証する政府に信頼がなければ、どんな中央銀行も最後の貸し手の役を務めることはできない」〈King〉202）のです。もっとわかりやすくいえば、中央銀行という最後の貸し手の背後には政府という最後の後ろ盾が控えていなければ、金融システムはおしまいなのです。財政危機で国の徴税能力の信認がなくなれば、金融システムもメルトダウンします〈King〉190）。市場が政府には取り付けを止める能力がない、あるいはやる気がないと考えてしまえば、市場はますますパニックに陥ります。リーマン破綻はまさにその典型例です。だから取り付けを防ぐ手法を見せなければなりません。リーマンに対する救済措置をとらなかった失敗を繰り返すわけにはいかないのです。

世界金融危機を収めたのは最終的には資本注入です。危機の淵から銀行システムを救うのには、政府による大胆な介入しかなかったのです。資本注入で初めて恐慌が収まったのです。資本注入は英国が最初、次に米国、そして大陸欧州が続き、これが銀行の取り付けを止めた。政府は銀行の全ての民間債務を保証したのです〈King〉37-8）。

●金融危機の時、鷲は一羽でなく二羽で舞い降りる――21世紀に一変した元祖バジョットLLR原理

Ｆｅｄ本部の建物の上部に、右向きの鷲が控えています。しかしよく透かしているとその背後に左を向いた鷲がいるようです。バーチャルの話ですが、二羽は双頭の鷲となります。実はＦｅｄと米国財務省はこのような関係なのです。

以下、それを説明します。中央銀行は経済と金融システムを支えるために、市場へ即座に快く流動性を供給する。これがいわゆるバジョット原理です。この場合の貸し出しは高い罰則金利を課し、また良質な担保を確保することです〈Bagehot〉187-8）。しかしそれは政府がＬＬＲ発動に

伴うリスクを引き受けるという、一種の裏書きのような保証行為がある点を見逃してはなりません。

バジョット原理をＬＬＲと結び付ける理解が一般的ですが、ＬＬＲの元祖とされるバジョット自身はＬＬＲでなく、the last lending house や the ultimate banking reserve of a country（〈Bagehot〉53）という表現を用いています。市場が正常な時、中央銀行は多くの貸し手の一つにすぎないが、パニックの時は the sole lender だというのです（〈Bagehot〉196）。

しかも21世紀のＬＬＲ原理は元祖のそれとは大きな違いがあります。まず、罰則金利で貸し出すようなことはありません。超低金利で貸し出します。貸し出し先の資金繰りを改善するのが現在のＬＬＲの役目です。また貸し出しの担保も必ずしも良質な担保とは限りません。特に投資銀行に資金供給した際の担保は証券化商品であり、市場が見放していた金融商品です。金融逼迫の時にはとても良質な担保とは言えません。

このように元祖と21世紀のＬＬＲ原理には、貸し出し金利と担保の面で大きな違いがあります。さらに意外にも指摘されることが少ないのですが、ＬＬＲの元祖は実はバジョットではありません。最後の貸し手の概念を考えついたのはソーントンです。それによれば、金融市場がパニックに陥っている時、イングランド銀行が今までよりもずっと多く寛容に貸し出せば恐怖の破局は回避できる。貸し出し便宜を受ける銀行はイングランド銀行券に何時でも変えられる資産を多く保有することであり、こうすれば銀行も恐慌の進行を抑えることができるというのです（〈Thornton〉188）。

さらに、絶対にみすごせないのは、元祖も21世紀のそれも、政府と中銀の関係への見方は全く同じだということです。たしかに、バジョット原理の場合、政府との関係は明示されていませんが、バジョット自身も、いわゆるバジョット原理自体を越えた中央銀行の役割にも、また政府との関係にもふれ、中央銀行がパニック時にはあらゆる可能な手段と方法で資金を供給することを強調しています。たとえば、1825年恐慌の時、イングランド銀行は株券を担保にして貸し出している（〈Bagehot〉52)。これは、人口に膾炙するいわゆるバジョット原理、すなわちリスク資産を担保としないのが最後の貸し手の原理であるという一般の理解の枠を越えていますが、パニックを鎮静するのがLLRの役目とするならば、狭い意味でのバジョット原理の枠を超えることはむしろ普通なのです。

実際、バジョット当人もイングランド銀行がLLRの機能を果たす場合、政府が背後についていることを指摘しています。イングランド銀行は政府から承認を得る前に法定限度を超えて通貨発行を敢行したことにふれ、これは銀行界を支えるという責務から尻込みするわけにいかないからであると解説しています（〈Bagehot〉158)。これは政府の後ろ盾がない限り、およそ不可能なことです。イングランド銀行が危機の時に貸し出しをする場合、政府は法律の限度を超えて発行限度額を破ってもよいと認めてくれたのです。また、1866年の金融恐慌の時、イングランド銀行が貸し出しで準備がほとんどゼロになった時、政府が支援してくれています（〈Bagehot〉182)。そのような大胆な大きな貸し出しをしなければイングランド銀行からは預金が引き揚げられていただろう、とバジョットは判断しています。

まさにリーマン・ショックが起きた時の中央銀行と政府の行動と同じなのです。LLR機能を果たすときは、中央銀行と政府の関係は二人三脚の関係にあります。たとえば、ベアー・スターンズを買収するＪＰモルガンにＦｅｄは融資していますが、買収を依頼したのは政府・中央銀行です。元本割れしたＭＭＦの元本保証をしたのも財務省の資金でした。だからこそＦｅｄは迂回的にＭＭＦに資金供給したのです。こうして始めてＭＭＦへの取り付けが減少したのです〈FCIC〉359,620〈Paulson〉238,252-3〉。またＦｅｄのスワップ発動はＴＡＲＰと連動しています。政府の資本注入とＦｅｄの世界的融資は同時進行していたのです（中北①9）。民間のリスクを米国財務省、中央銀行が引き受けることが、金融危機鎮静化の決定打になるのです。

第3節　政府と中央銀行は同衾ならぬ同布

●同じ布にくるまれている政府と中央銀行

そもそも一国の金融システムの安定化については政府が最終的な責任を負います。中央銀行は金融政策を担う点で先進国共通なのですが、日本の場合も金融システムの安定（信用秩序の維持）の最終的な責任は政府にあり、日本銀行も金融システムの安定に寄与することになっています。英国の場合、金融システムの安定化は財務省、イングランド銀行、ＦＳＡの共同の責務です。ＥＣＢの責務は物価の安定、金融政策であり、金融システムの安定には直接関与していないのですが〈〈武田〉2-3,6,10,33〉。

ですから、ＬＬＲは表地は通常のバジョット的理解の柄でも、底支えするべき裏地は政府との連携で織り固まれています。政府と中央銀行はＬＬＲの表地と裏地を合わせて同衾するのです。

先進諸国の中央銀行は金融政策の目的を「物価の安定」としていますが、Ｆｅｄは連邦準備改正法を通じ「完全雇用の達成」も掲げています。「完全雇用の達成」は金融システムの安定なしにはできません。だから信用秩序維持は政府と中央銀行の共同責任なのです。そもそも米国が中央銀行組織のＦｅｄを創設したのは金融危機対策のためです（１９０７年の金融危機を繰り返さないため）。したがってＬＬＲの本来の概念は国家の信用なしにはありえない。もちろん中央銀行の政府に対する独立性は不可欠ですが。

１９８５年のプラザ合意に関しボルカー・行天の２人は、国と中央銀行の関係を同衾ならぬ同毛布の関係としています（同衾異夢では困る）。プラザ合意は為替相場のコントロールを回復させる試みであったが、その主な推進者はＦｅｄでなく財務省であり、国際的金融政策に責任を感じている。Ｆｅｄは金融政策に責務を負うが、それは国内金融政策には限定されない。Ｆｅｄが米国の通貨と信用を調整する場合は必ず為替に影響する。制度的にも役割がオーバーラップする両者は国内的にも国際的にも継ぎ目のない織物なのです（〈Volker with Gyothen〉232）。この２人にならえば、金融危機においては中央銀行と政府・財務省は継目のない断熱布であり、これを燃えさかる金融危機の炎にかぶせて鎮火させます。少々焦げてしまっても、決して二つに裂けない強い布でできています。

●実際に金融危機が起これば公的資金投入反対などと言っていられない

市場混乱時に金融機関を救済するのはモラルハザードを招くという批判もあります。しかし、預金者や債権者がお金が戻ってこないという不安に駆られると、群衆心理に走り、取り付けに殺到します。その心理を落ち着けるためには流動性の供給以外にありません。

そもそも市場が一定期間大きく下振れするのは防ぎようがありません。暴騰しつづけていた資産価格は、その裏付けとなる利益増加が伸び悩むようになれば必ず暴落し砕け散ります。膨張しすぎれば必ず砕け散るという循環はさけられません。それが資本主義の宿命です。だからその間には防御がいる。それが公的資金の投入なのです。

バブル崩壊で破綻した金融機関に公的資金を投入するのには厳しい批判がありますが、きれい事などいってられません。これは米国でもユーロ圏でも同じです。銀行危機から国家まで破綻する事態（ソブリン危機）に直面したことのあるユーロ圏では、税金で金融業を救済するのはけしからん、銀行を救うと国も破綻するという意見が表向きは支配的です（ベイルイン方式）。実際はユーロ圏でもベイルアウト（救済）がまかり通っています。不良債権を抱え続けているイタリアでは、ベイルアウト原則禁止のユーロ銀行同盟が成立しても、立て続けに堂々と地方の金融機関にベイルアウトをしています。信用秩序維持が優先されるからです〈米倉⑥〉37-8〈米倉⑨〉20-3)。

●金$バーガーならぬキンドルバーガーの金言――金融危機対策のパラドクス（「ルールはルールがないのがルール」）

これはひそひそ声で話すことのようですが、公的資金投入の基準は曖昧にしておくのが一番。金融危機の歴史の研究で有名なキンドルバーガーの説です。これによれば、金融システムの安全網と市場の秩序がうまくかみ合うためには、公的救済や公的資金投入は、「ルールはルールがないのがルール」〈Kindleberger〉176）としておき、曖昧にしておくほうが実効的な対応ができるそうです。

ニューヨーク連銀総裁コリガンも1990年5月当時の米国上院銀行委員会で、投入の是非は「建設的曖昧さ」で対応すべきであると証言しています。そもそも銀行が支払不能危機なのか、単なる流動性の困難なのか峻別することは不可能ですし、問題の金融機関が「大きすぎてつぶせない」の対象なのかどうか、したがって公的資金を投入するかどうかの基準も実はケースバイケースです（リーマン破綻処理がまさにその例）。もちろん、市場参加者がＬＬＲがいつも発動されると思っているとたいへんな目にあうと用心させておかねばなりません。救済を当然当てにする態度は慎ませるべきです。また困難に陥った金融機関は損失や破綻から保護されると当然視してもらっては困るでしょう。だから当局はＬＬＲに関しては、それが実際に発動されるのか、また何時やるのか、これを曖昧にしておく必要がある。それを行なうか否かはコストと利益を天びんにかけるという話です〈武田〉18,38)。

またこれまで本書で再三登場したポールソン元財務長官も公的資金の導入をバズーカ発砲にたとえています。「バズーカを持ったとし、人々がそれを知ったとすれば、バズーカを持ち出さなくてもよいかもしれない」と市場側に期待するのです。（〈Geithner〉261)。実際はバズーカ一発では済まず、何発も連続発射となりました。それがリーマン恐慌のすさまじさです。

キンドルバーガーによれば、最後の貸し手はいるが、実際にいるかどうか市場には疑わしくしておくべきだというのです。中央銀行や政府に全面的に救援を与える権限を与えておかないほうがよい。ＬＬＲを投入する時期と量の判断は難しい。ブームを制限しようとしても逆にそれが信用の崩壊をよぶ危険がある。しかし、市場を餓死させない方がよい。援助を与えないで信用が凍結することは避けるべきである。その場合、援助は多いほうがよい。過剰な分は後で吸い上げることができるというのです〈Kindleberger〉172-4,181)。

債務保証も同様のことです。預金保険となっていない短期債務は金融機関が発行するものですが、よい状況が続かなくなるとすぐに逃避してしまう性格の資金です。そのような短期債務が、過小資本のもとで過大なレバリッジ金融機関に累積していたとすれば、しかもリスクとレバリッジが伝統的銀行業務から管理の少ない、また中央銀行のセーフティネットへのアクセスが少ない金融機関に移行して展開されていたとすれば、いよいよたいへんなことになるのです〈〈Geithner〉773〉。政府は一時的に債務保証の絨毯爆撃によって金融不安を掃討しなければなりません。

王様が裸では困ります。上下、表も中もしっかり着衣させるのです。コートだけ着て中が裸だと余計面倒です。流動性供給は王様の裸の一部しか隠せません。王様にはコートだけでなく下着もいります。これが資本注入です。金融機関の過大なバレッジを減らし、リスクの高い投資の損失を吸収できるようにするためには時に資本注入が必要になるのです〈〈King〉35〉。

第10章　先進国、新興国のいずれにも金融危機の要因が充満

第1節　危機再発防止策が拡充しても、〝大きすぎてつぶせない〟問題は解消しない

●金融再発防止策で銀行の健全性は向上

２００８年に世界経済が金融システム崩壊の瀬戸際まで追い詰められた経験が活かされ、以降、金融システムは強化されています。オバマ前政権は２００８年のリーマン・ショック後、金融規制の強化に乗り出し、10年にはドッド・フランク法（米金融規制改革法）を導入しました。資産規模が５００億ドル以上の金融機関のグループを「システム上重要な金融機関」に指定し、厳格な規制や監督の下におき、金融機関の支払能力向上のため、リスクを吸収できる緩衝材としての自己資本の質、量の双方を充実させます。

金融危機対策としては、自己資本を厚くすることが基本中の基本ですが、平時には高めの自己資本比率を維持し、金融のストレス時に資本を取り崩せるようにしたり、自己資本がある水準を下回った場合には普通株に転換される「偶発転換社債」も導入します。

また金融危機の時の資金流出に対応するため、容易に換金できるもの、すなわち、大きな損失なしに換金しやすい流動性の高い資産を一定程度、保有させるなどの流動性対策も打ち出します。

そして、リスクの高い自己勘定取引、ヘッジファンドなどへの出資を原則禁じるなど、高リスク取引を制限します（ボルカー・ルールの適用）。銀行の財務体質も強化され、景気堅調下の金利上昇は利ザヤ改善を通じ銀行の収益を増やす体質になっています（日経2018年3月16日,4月24日）。

このように金融危機対策は銀行の健全性を保つことができています。しかしノンバンクやヘッジファンドなどのシャドーバンク、政府や企業の債務は、金融危機再発防止規制の対象外です。しかも世界の総債務は世界金融危機当時と比べ急増しています。

●世界の債務が増大する中、金融機関の地位は回復

金融危機の後、銀行もヘッジファンドもレバレッジを解消させましたが、**世界全体の債務は突出しています**。２０１７年はＧＤＰの２１７％です。これは２００７年よりほとんど40％も増加しています。その一方、金融機関は地位を回復させています。米国のトップ５の銀行は銀行資産の47％を占めています。これは２００７年の44％よりも多いのです。世界上位９の投資銀行は２０１７年、７８０億ドルの利益を出しましたが、これも恐慌がおきる前の２００７年の水準を超えています。シャドーバンクは45兆ドルの規模であり（２０１０年は28兆ドル）、世界の金融資産の13％をコントロールしています。また投資信託のトップ１％は資産の45％を占めています。金融危機から10年たっても、金融監督当局は大きすぎてつぶせないジレンマから逃れられないのです（FT2018年6月18日,9月7日）。

●ほころびはじめたセーフティネット

金融危機の最中、米国は預金保険外の債務に対しても果敢に保証を与えてきました。そしてTARPによる公的資本注入で金融危機を収束させ、最後にストレステスト実施により金融システムを危機から脱出させました。

ところが現在、これらの措置は制限、あるいは廃止されています。現在はこのようなTARPに準じるプログラムはありません。ベイルアウトの賛同者だと非難する政治的反対派の声もあり、オバマ前政権は2008年のリーマン・ショック以後、金融規制を強化し、金融危機の際の公的資金投入に制限を加えています。しかしこれでは将来の危機が再発した時に無防備になります。市場が異常に緊張している時に中央銀行は個々の機関へ流動性をふんだんに供給できるよう、また市場の価格が凍結しかねない危機的状況の時にも取引が継続できるよう最後のマーケットメーカーの機能を保持する必要があるはずです〈〈Scott〉65.260-1〉。危機の際にはLLRと債務保証を円滑に復活できる手順にしておくべきでしょう。

近い将来、金融危機がおきた時のセーフティネットがおぼつかないのです。特に非保険債務の増大が深刻です。2008~2012年に全ての銀行の取引勘定に無制限の保険が拡張された後、非保険預金は2010年に1・6兆ドルまで低下していました。しかし、2012年12月に無制限保険が終了すると、非保険の銀行預金がかなり増加し、2014年には4・2兆ドルとなりました。これは保険のかかった預金の何と3分の2以上です。この結果、2014年の銀行預金で保険がついている割合は59・1%に落ちています(2010~12年の場合は80%)。

非保険の銀行預金が取り付けにあうと預金保険では対応できなくなります。しかも2014年には、保険付き預金4・2兆ドルのおよそ3倍にも及ぶ12・3兆ドルが非保険の短期資金で調達されています。**短期債務の3分の1しか保険がかかっていない**のです。

預金保険というセーフティネットの外にある資金が多いわけですが、非預金で非保険の短期債務は2014年末に8兆ドルあります。2008年の約9・9兆ドルのピークからは減っていますが、預金総額の約10・4兆ドルにも迫ります。預金保険の6・1兆ドルよりも大きいのです〈Scott〉148-50)。

これでは2008年9月のMMFの元本割れの二の舞となります。ドッド・フランク法はMMFの汚染を防ぐ将来の処置を前回と同様に使用することを制限しています。将来はこのような処理をする場合には財務省長官による事前承認が必要であり、議会も為替安定基金を一時的な保証計画に入れるのを禁じています。MMFの元本割れさえも容認しているのです。同法はこのような事態に対処すべき中央銀行のLLRの権限やFDICの権限も弱めています。将来の金融危機の火を消すのに必要な権限を再び得るためには議会の承認がいるのです〈Scott〉145,225〈Geithner〉791)。はたしてこれで金融危機に対して迅速に対応できるのでしょうか?

第2節　先進国、新興諸国のいずれも債務が膨張

●世界の債務膨張に警告するIMF

世界経済は量的緩和と相次ぐ財政刺激策で復活しています。先進諸国の政府債務の対GDP比率は2012年以来、GDPの105%を超えています。歴史上、第二次大戦以来起きたことのない水準です。国際通貨基金（IMF）はこれを警戒し（2018年4月）、景気が順調なうちに過

去最高に達した世界の債務の削減に取り組むよう各国に求めています。世界経済は２０１１年以来、最も高い成長率になっていても、インフレ率と賃金上昇率が低いので、債務は名目だけでなく実質でも増え続けてしまいます。だから、ＩＭＦは「いい時期を利用するしかない」「厳しくなる時期に備える」ことを強調しています。債務増加は企業部門（28兆ドル）で目立し、企業の増加分の３分の２は中国が占めています〈IMF〉1-2,7,22,30-31, ロイター 2018年4月19日, 日経 2018年9月15日)。

●リーマン破綻直後の中国の対応の正負の遺産

たしかに、世界金融危機が爆発した時の中国の対応は実に素早い、圧倒的なものでした。リーマン・ブラザーズが破綻したその日のうちに、６年７カ月ぶりの利下げを決定し、２カ月もたたない08年11月初めには、大規模な公共投資を柱とする景気刺激策を発表しました（いわゆる「4兆元対策」)。これが中国の景気をV字回復に導き、世界経済の底割れを防ぎました。この危機は中国にとっても絶好の機会でした。４兆元の景気対策は中国の当時のＧＤＰの10％超です。この莫大な資金で、中国は国家資本主義を強化すべく、巨額の補助金で製造業の育成支援を進め、さらには米欧企業の買収にかかります。そして危機後の10年に経済は3倍になりました。もちろん米国経済は世界一の地位を維持していますが、中国は米国の大きな脅威になるでしょう。実際、トランプ政権が中国に対し対決姿勢を鮮明にしています。

いずれにしろ、この大規模な公共投資が世界における中国の地位をいっそう高めることになりましたが、他方、行きすぎた投資という負の遺産も目立ちます。それは巨額の債務と過剰な生

図6　中国の信用膨張の経緯を他国と比較

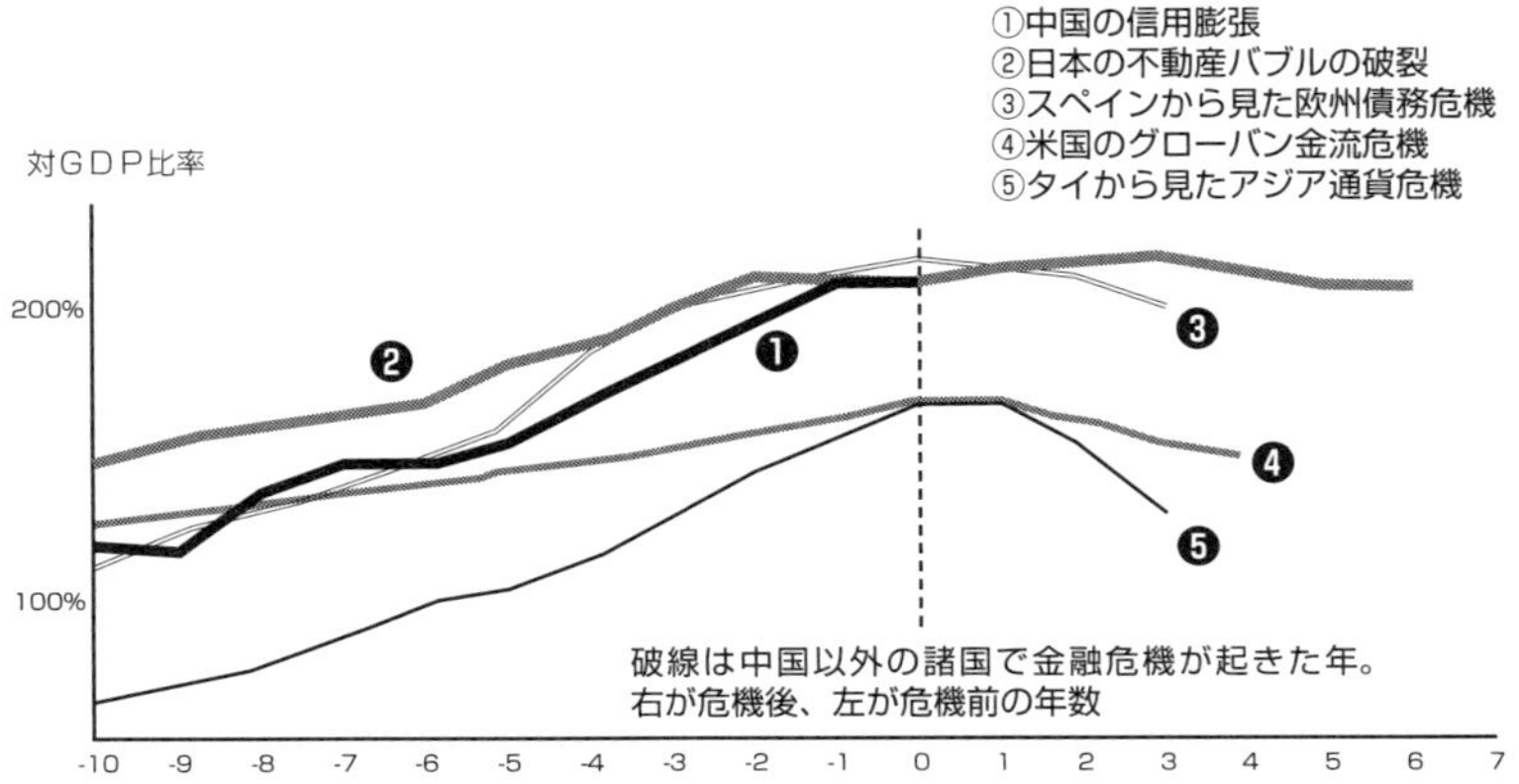

（出典）<Carney>18,Chart5 より

産力・設備です。特に問題となったのが、地方政府の膨大な借金です。4兆元対策を打ち出した時期は、鉄鋼やセメントといった過剰生産が深刻な業種の整理に乗り出した直後のことだったので、こうした業種が再び生産を膨らませてしまい、過剰設備・過剰債務の問題をさらけ出したのです。（日経2018年9月11,21日，〈日経〉220-6）。

たしかに中国の過去30年の経済発展は実に驚異的です。しかし危機後の目覚ましい経済実績はその反面、債務の一大累積とそれに絡んだシャドーバンキングの膨張という副産物を産みました。中国ではノンバンク部門は10年前にGDPの19％程度だったのが、今は１００％以上です。これは金融危機前の米国のオフバランス機関の増長を想起させます。中国はもちろんこのリスク管理に乗り出していますが（〈Carney〉9）（図6）。

●世界のドル建て債務が特に新興国で増加

新興国では08年のリーマン・ショック以後、潤沢なドルの資金が流入しています。Ｆｅｄが敢行した一連の金融の量的緩和（ＱＥ）の金利が効いていました。ＢＩＳによれば、世界流動性状況の指標となる非銀行の借り手へのドル建て信用の額は２０１６年末の時点で10・５兆ドルです。特に新興諸国の非銀行の借り手に対するドル建て信用は２００８〜２０１６年におよそ2倍も増加し、２０１６年末に3・６兆ドルになっています。〈BIS〉112）。

ところがＱＥで世界にドル流動性を供給し続けたはずのＦｅｄはドルの供給を２０１７年秋から減らし始めています。２０１８年10月時点のＦＲＢの総資産は約4・2兆ドルで1年前より3千億ドル弱減り、削減ペースは加速する見通しです。金融の正常化のために利上げを進めているからです。今後もドルの不足感が高まる懸念があります（ただ、２０１９年1月末から金融引き締めを見直しつつある）。

特に「米1強」とも呼ばれる堅調な景気で海外から資金が流入しており、これでドル不足感は強まっています。米国は景気拡大が10年以上も続き、１９６０年代の１２０カ月連続記録を超えています。米国の企業は２０１８年7〜9月期は約2割増益と今のところ好調です。このような米国1強の中、米国の金利が上がりドル為替も上がっているので、新興諸国はドルの金利とドル相場の二重の上昇により債務負担が増すのです。

こうした中、世界の債務は危機以降減っておらず、むしろ増えています。先進国の内部の場合、債務は民間から政府へシフトする一方、新興諸国の債務も膨らんでいます。特に中国の場合、対ＧＤＰは２００８年の１５０％から２０１６年末までに２５０％へと増大しています。たしかに先進国の超低金利のおかげで世界のグローバル債務は巨額になってても持ちこたえており、新興国は経済成長を高めてきました。しかしその反面、ドル債務依存性を高めているのでドル為替やドル金利が少しでも上がれば、新興国に深刻なストレスを引き起こします（FT2018年9月12日）。実際、米国の金利上昇で世界のドル調達コストは上昇しています。

●先進国でもリスキーなローンが急膨張

先進国でも民間の債務膨張が問題になっています。超金融緩和の中、**質の低いリスキーなローン**が急膨張しているのです。世界でレバレッジドローンは世界金融危機前、爆発的に増えていましたが（２００７年の７６２０億ドルがピーク）、その後の10年足らずの２０１７年にはその額を超え、７８８０億ドルに達しました（そのうち、米国は５６４０億ドル）。そこでは信用の質の低下が問題になっています。シングルBあるいはそれ以上（すなわちリスキーな）の格付けのものが２０１７年には75％に上昇しているのです（２００７年は25％）。

さらに問題なのは、驚くべきことにその大半がコベナントライトローン（Covenant-lite loans）なのです。ふつう投資不適格、つまり信用力の低い企業に対するローンの場合、借り手は財務上の制約を受けます。借り手は債務が一定水準を超えないよう制限を加えられたり、債務限度を超える場合はリストラを求めたり、より高い金利を要求されます。また担保をとられ、通常の債券より弁済順位を高くされます。ところが超低金利で市場に資金があふれている場合には、借り手が貸し手や投資家に対して有利になります。だから担保や支払い条件、収益水準に対する財務制限条項が緩いコベナントライト・ローンが流行るのです。この種のローンは財務制限条項が一般の基準よりも緩く、貸し手にとってはリスクが高いはずです。しかし借り手は自社のキャッシュフローが潤沢であり、金利が全般的に低い環境下で、財務制限条項を緩和してもらえば積極的な経営に取り組めます。特にグローバルな好景気な時には、企業のデフォルト率が低いので、伝統的なローンに比べコベナントライトローンが流行るのです。

しかしＦｅｄの金融政策の変化に見られるように、超金融緩和が縮小、逆転する状況になると、借り手優位の状況が続くはずがありません。今後、景気が下降し、当該企業のキャッシュフローの減少が予想されると、既に高い水準にあるレバレッジドローンに依存する企業のデフォルト・リスクが上昇するかもしれません。

にもかかわらず、この種のローンは増えています。だから２０１８年10月30日、前Ｆｅｄ議長イエレンはＦＴ紙（10月30日付け）との会見で、レバレッジドローン市場の貸出基準の低下に憂慮しています。経済が下降すれば、債務のせいで多くの破綻が進むというのです。この種のローンのブームがシステミック・リスクにつながる恐れを指摘しています（FT2018年4月27日、10月26、30日）。

イングランド銀行総裁ガーニーも、イエレンと同様に懸念しています。世界のレバレッジドローンの増加の速さは、サブプライム危機前夜のサブプライムローンのそれに匹敵するそうです。貸し出し基準も緩くなり、ローンを証券化する場合、貸し手はその証券の一部を保有しておく制限もなくなってきているそうです。財務制限条項維持率も２０１８年現在で２０１０年の10分の１程度だそうです。また損失が発生しても、誰が損失を吸収するのかの情報も少ないそうです。まるでサブプライム証券化商品みたいです。もちろん、レバレッジドローンはサブプライムローンとは同じではありませんが、一昨年も15％も増加しています。先進国の企業への貸し出し総額の10％です。２００７年のサブプライム市場は13％の増加でした。〈〈Carney〉10〉。

これでは低金利で生き延びられてきた企業、いわゆるゾンビ企業はたいへんです。超低金利では債務を返済できても、金利が急上昇した場合、債務が利益を超えてしまう可能性が高くなり、返済が苦しくなります。コベナントローンにはそのような可能性が高いと言うことでしょう。

●金融正常化を急ぐわけ

世界全体の債務が膨らみ続ける中で、資産バブルや急激な債務縮小を迫られる事態が起こればたいへんです。なぜなら、金利を異常に下げ（マイナス金利さえも）、また超金融緩和しているので、金融危機が起きても、中央銀行には金利引き下げや流動性の供給で対応できる余地が狭まっているからです。

すでに株価は実体経済に対し割高気味が指摘され続けてきました。たとえば、２０１８年１月５日の世界の株式の時価総額が過去最高の86兆５３００億ドルだった時、世界の名目ＧＤＰの78兆ドル（17年推計値）に対して約１１０％でした。世界の株価はすでに２０１７年7月に世界ＧＤＰを超えており、両者の差は拡がっていました。世界で有名な投資家ウォレン・バフェットが重視する尺度（市場全体の時価総額をＧＤＰで割った指標）が１００％を超えると株価は割高と言われます。実際、08年秋のリーマン危機の頃、この指標は１００％を超えており、程なくして株価は急落しました（日経2018年1月6日）。

だから金融政策当事者はこのようなバブルが崩壊した時の備えをしておかねばなりません。金利の上げ下げの枠を確保する必要があります。しかし超低金利の量的緩和が膨らみ続けたままではこれは不可能です。金融政策の正常化を進めようとしても、債務が積み上がった企業にとって金利上昇に耐えられる体力があるのか？　民間の債務が膨らんでいる時には中央銀行は、その整理を促すために市場から資産を吸収しなければなりません。ところが肝心の先進国の中央銀行はそれまでに膨らみ続けていたバランスシート（金融危機以前の4倍以上）を、今ようやく縮小に取りかかろうとしている時期です。このように現在の金融正常化の流れは民間の債務が膨らんだ時と重なっており、非常に時機が悪いのです。

第11章　民間から官に転移した金融錬金術のあだ花

アベノミクスの金融緩和の行方

第1節　手詰まり感が強まる官製金融錬金術

●袋小路にはまった日本銀行の超金融緩和（QQE）の〝トリプル2〟：「2％」「2倍」「2年」を三つ束ねて2束3文に

アベノミクスの3本の矢は首相官邸HPで、三段跳びにたとえられています。第1の矢は大胆な金融政策（ホップ）。これは「市場のお金を増やしてデフレ脱却」すること。「金融緩和で流通するお金の量を増やし、デフレマインドを払拭」。第2の矢は、機動的な財政政策（ステップ）。「約10兆円規模の経済対策予算によって、政府が自ら率先して需要を喚起」し、「この財政支出でスタートダッシュ」を狙います。第3の矢は、民間投資を喚起する成長戦略（ジャンプ）で、「規制緩和等によって、民間企業や個人が真の実力を発揮できる社会へ」ということです。このホップ・ステップ・ジャンプがうまく連動するのかどうか？

それはともかくも、本章が取り上げるアベノミクスの1つの矢の金融政策は、異次元緩和の異名をとるほどの超金融緩和策でした（量的質的金融緩和 Quantitative Qualitative Easing、以下QQE）。日本銀行はこのQQEを2013年4月から開始し、〝トリプル2〟を高々と掲げていました。

この〝トリプル２〟とは次の三つの「２」です。①２％の物価上昇率を達成、②達成期限を２年程度、③金融機関に供給する資金量（マネタリーベース）を２倍増。だから本書はこれを〝トリプル２〟と呼ぶことにします。おそらく、この〝トリプル２〟には「人民の人民のための人民による」で有名なリンカーンが憑依合体したのでしょう。

日銀はＱＱＥ開始の頃、すごい意気込みでした。２０１３年1月22日の「政府との共同声明」においても、「物価安定の目標」２％上昇を掲げていたのですが、その時点では「できるだけ早期に」という言い回しにとどめていました。ところがＱＱＥを開始すると、目標達成の期限を「２年程度」と明言してしまったのです（２０１３年4月4日）。「できるだけ早期に」が「２年程度」へ格上げされたのです。

このような期限設定には経済界やエコノミスト達から多くの疑問が上がりました。当時、過去10年以上、物価がなかなか上がらなかった日本経済において、金融政策の一振りで物価２％上昇が実現するはずがないからです。ＱＱＥは国債購入を「異次元」の規模に拡大し、２％目標を２年程度で実現を目指す姿勢を強くアピールしましたが、実際にはうまくいきません。超金融緩和で市場に資金を供給しようとしても貸し出しはそれほど増えないし、物価上昇も思うほど進みません。

●かぎりなくダイレクトパスに近いトライアングルパス（銀行をはさんだ日銀と国の国債の取引）

財政法で日銀は国債の直接引き受けを禁じられています。日銀が政府の資金調達を支えるダイレクトパスの「マネタイゼーション」は禁止です。しかし、金融機関が入札で買った国債をすぐ日銀に売れれば、銀行を壁にする日銀と国が国債を売買するトライアングルパスになるので、ＯＫです。直接引き受けでないと強弁できるのは、政府と日銀の間での国債のダイレクトパスのはずなのに、一時的に銀行を挟む壁パスを使っているからです。「マネタイゼーション」を隠蔽するダミーになる銀行側は、日銀が約束通りすぐに国債を買い入れる（＝国債を高く買ってくれる）から超低金利でも国債を買います。この結果、国債価格が上昇（長期金利が低下）し、銀行も国債売却でキャピタルゲイン（値上がり益）を獲得できます。

しかしこれでも日銀の意図は達成できません。実際には物価が上がる経路がないからです。銀行が日銀に売る国債の売却資金の大半が、貸し出しに向かわず、日銀にある当座預金口座に累積するだけです。超金融緩和で市場にはじゃぼじゃぼとお金があふれかえっているので、銀行は国債売却代金を市中の貸し出しに回しにくいのです。

これでは日銀は困ります。日銀が銀行が保有する新発国債を爆買いするのは、市中への貸し出し増加を通じ物価上昇を狙っているからです。ところが市中への貸し出しは国債を爆買いした割にはさほど増加しない。だから日銀がいくら大規模緩和し金利を低下させても物価上昇には効果はないのです。

インフレを恐れる一般市民の感覚からすれば、日銀が物価上昇の目標を達成するまで金融緩和と継続すると宣言しても、物価上昇シナリオをほいほい共有するはずはありません。そもそも日銀は国民に対し戦後長年ずっと、物価安定と金融システム安定を通じ通貨安定に努めるのが中央銀行の使命であると説明し続けてきたのですから。

では**日銀による大規模金融緩和**は何の効果もないのでしょうか？　実は表向きの目的とは違う、絶大の効果があるのです。それは政府の安価な借入を促進することです。これで政府の財政規律はますます弛緩します。赤字財政ファイナンスに味を占めてきた政治家には実に都合のいいことです。現政権は財政再建に欠かせない社会保障、経費削減に及び腰です。超高齢化の時代に即した財政や社会保障の改革にとって、財政再建は不可欠のはずなのに、政府は日銀に金融政策だけでなく、安価な政府の借入策をも担わせているのです。これでは、政府・日本銀行の共同声明（2013年1月22日）でうたわれている「財政運営に対する信認を確保する観点から、持続可能な財政構造を確立するための取組を着実に推進する」（第3項）は空文化します。しかし基礎的財政収支（ＰＢ）の黒字化（毎年の政策的な経費∧税収など毎年の収入）の国際公約や消費税率引き上げについて空手形を出し続けた実績からすれば、ごく当然のことでしょう。

●人生100年、資産薄命の中、マイナス金利を導入すればどうなる？

日銀はトリプル2が2束3文に化している現実にとまどったようです。そこで当初のＱＱＥを2016年1月に名称変更します。すなわち、「マイナス金利付き量的・質的緩和政策」の名の通り、短期金利のマイナス化まで進めました。日銀に滞留している銀行の資金を無理やり市中への貸し出しに回させるため、当座預金にマイナス金利を付したのですが、市場に資金がだぶつく中、銀行が融資や投資で資金を市中に出せる分野は限定的ですし、マイナス金利にしても物価上昇に弾みがつかない、円安にもならない。挙げ句の果ては、マイナス金利のおかげで金融機関の収益を圧迫する事態になりました。当時の副総裁の一人は、マイナス金利になったのに、円相場や株価が「理論とは全く逆の方向に動いた」（〈岩田②282〉）とぼやいていますが、自身の唱える「理論」の怪しさには気が付かないようです。

マイナス金利付きQQEのもとでは、年金、保険の金融機関は長期物中心の運用が困難になり、年金や保険の金融商品の販売停止が続出しました。銀行も貸出金利が下がり、マイナスの利鞘になりかねません。しかし金融機関の収益が悪化すれば金融仲介機能が低下します。これでは金融安定という日銀の本来の使命に反します。

個人のレベルでみれば、超低金利で十分な金利収入を得られない。日本社会は、少子高齢化、人生100年時代。人の寿命は長くなるのに、長生きする分の生活を支える資産の寿命は細るのです。人生長寿なのに資産薄命。まさに長生きリスクです。財税の持続可能性への懸念から社会保障の財源も怪しくなっている。これでは人々の消費マインドは高まるはずがありません。物価目標の達成が遅れてしまうのも当然です。

●マイナス金利政策のマイナス効果でまたまた修正——行くも地獄、引くも地獄のイールドカーブ・コントロール（YCC）の綱渡り的奇術

日銀はたまらず、QQEの第二弾の修正を迫られます。それが2016年9月の「総括」の際に導入された「長短金利操作（イールドカーブ・コントロール）付き量的・質的緩和政策」です（表2）。そこでは長期金利を特定水準に、具体的には10年物国債利回りをゼロ%程度に誘導し、物価が安定的に2%を超えるまで資金供給を拡大し続けることになりました。

このQQE第3段階目で注目を集めたのが「イールドカーブ・コントロール」（YCC）です。

表２　異次元緩和の導入・手直しに到る日本銀行の非伝統的金融緩和の流れ（レベル１～６）

レベル１	1999 年 ２月	短期金利をゼロに近づける。「デフレ懸念の払拭が展望できるまで続ける」と約束。
レベル２	2001 年 ３月	量的緩和政策：「物価が安定的にゼロ％以上になるまで続ける」と約束。
レベル３	2010 年 10 月	包括緩和政策：ＥＴＦや REIT の購入開始
レベル４	2013 年 ４月	異次元緩和＝量的・質的緩和政策ＱＱＥ：国債購入を「異次元」の規模に拡大。2％目標を２年程度で実現を目指す姿勢。いわゆるトリプル２も現在は２束３文化
レベル５	2016 年 １月	マイナス金利付き量的・質的緩和政策：短期金利のマイナス化
レベル６	2016 年 ９月	長短金利操作付き量的・質的緩和政策：長期金利（10 年物国債利回り）を特定水準（ゼロ％程度）に誘導。物価が安定的に 2％を超えるまで資金供給拡大ＹＣＣ（イールドカーブ・コントロール）の導入

（出典）日経 2016 年 10 月５日の記事を元に作成

図7　通貨供給規模から見た日銀と欧米の中央銀行との比較（2000－16年）

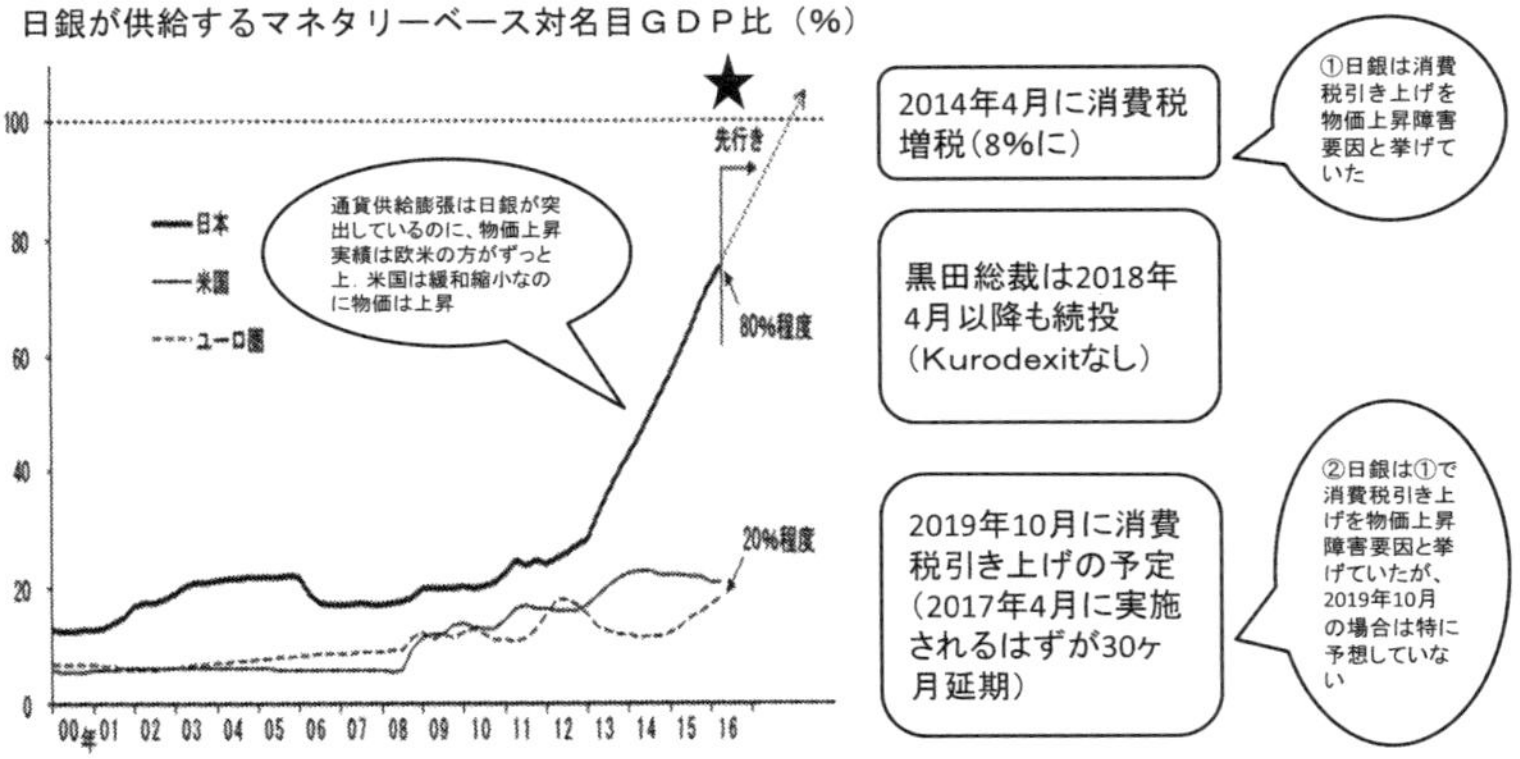

（出典）＜日本銀行①＞の8頁の図を基に作成

なぜ注目されるのか。それは二つ理由があります。かつて日銀が説明していたことと食い違うこと、二つ目は、日銀が金融緩和どころか緩和の緩和、すなわち縮小という反対の方向に転じかねないと市場が懸念することです。よりわかりやすく言えば、金融緩和の拡大決意のはずの日銀がそれを断念するということです（〈米倉⑧〉131）。

２０１６年９月の金融政策の枠組み変更はそれまでの大きな方向転換なのです。まず量的買い入れを縮小します。しかも10年物国債利回りを０・１から０・２％へと、目標金利の上限を上げています。もちろん、年当たり80兆円の国債を買うと言い続けますが、買い入れは実質縮小の方向になります。日銀の国債保有高は従来のままのペースで国債購入が続くと、２年後には日本のＧＤＰに相当する５００兆円を超えてしまうので（図７）、市場側は日銀の国債買いオペは今後２〜３年の内に限界を超える、すなわち日銀は国債を買い支えきれなくなるという予想を強めます。こうなるとイールドカーブに強い上昇圧力がかかり、円安維持の支障になるはずですが、日銀はおいそれと予定枠を超えて国債を買いこむわけにいきません。政府は財政健全化の看板を外していないからです。

大量に国債を買い入れ続けると、操作の玉となる国債が不足するという技術的問題も無視できません。金融政策の手段を国債大量購入という量から金利という質に変更したのは、緩和の継続性には限界があるからです。しかし緩和しすぎても不都合です。金融機関の収益を圧迫します。金利が下がりすぎて、これを抑制するべく日銀が国債を売却すれば、それはそれで日銀自身がそれまでに継続してきた量的緩和政策の効果を削ぎます。

この点、YCCはまさに綱渡り的な奇術なのです。YCC方式で金利が上下どちらに変動しても、日銀の現状の量的緩和政策は阻害されます。これもある意味で当然のことです。QQEの枠組みを変えた理由の一つは、マイナス金利による金融機関の収益が圧迫されてしまう副作用を抑えることです。また、日銀がこれまで敢行してきた国債の爆買いで市場に出回る国債が極端に少なくなっており、日銀はこれまでのような資金供給量の拡大（市場からの国債購入）を続けにくくなっていたのです。

YCCを導入して、国債買い入れ額という量的目標でなく、長短金利を操作する質的目標の方式に変えたわけは、いくら量的緩和を進めても本来の物価目標を達成できない、そればかりか銀行の収益圧迫など副作用や弊害ばかり目立つようになったからなのです。

まさに前門の緩和、後門の緩和の緩和なのです。たとえれば、21世紀版ミッドウェー作戦です。攻撃目標は空母なのか、ミッドウェー基地なのか、攻撃機は魚雷か、爆弾かの積載の選択を迫られます。物価上昇のための金融緩和なのか、金融仲介機能を損なう弊害の緩和なのか？　だから異次元緩和という一見、威勢のいい金融緩和策の腰はひけるのです（〈米倉⑧〉135）。

結局、この物価２％の達成時期はすでに6回も先送りされてしまいました。日銀は送り人ならぬ先送り人の役が板についてしまったようで、２０１８年4月27日の金融政策決定会合で達成時期の文言は削除されています。このように〝トリプル２〟はダブル３、すなわち、散々な結果に終わっています。

●興味が尽きない黒田・日銀総裁のパーソナリティ――宛先不明になった「『2％』への招待状」

日銀の黒田総裁は講演に寓話を添えるのが好きなようです。２０１５年6月初旬の国際会議の席で、「飛べるかどうかを疑った瞬間に飛べなくなる」というピーターパン物語の一節を引用したそうです。物価引き上げ達成の決意を示したのでしょう。信じる心がなければ、妖精の粉をどんなにふりかけても飛べない。しかし、信じる心があれば物価は上がるということのようです。しかし、さすがに「さあ飛べ　ここがロードス島だ」のイソップ寓話の話は出さないようです。自分がその寓話の主人公のような役を演じていると勘違いされたくないでしょうから（〈米倉⑧〉120,140-1）。

それより前の２０１４年12月25日には「『２％』への招待状」の題目で講演されています。日銀の「２％の早期実現の決意」をしっかり伝えようとされており、おそらく会場では「２倍」「２％」「２年」の伴奏付きで朗朗たるテノールが響いたことでしょう。講演の詳しい中身の紹介は紙面上、割愛しますが、後々振り返れば、本人もさすがに口ごもるでしょう。テノールもファルセットに転じたようです。その招待状の宛先も不明のようです。

前副総裁岩田氏の脇役ぶりも見事です。同前副総裁は就任当時、2年経って2%がまだ達成できない場合の「最高の責任の取り方は、やはり辞任」だと大見得を切ってくれましたが、「最高の責任」はとるに到らず、任期を無事終えて〝トリプル2〟の軛から解放されました。

ロイター報道も以上見てきた手法に気の利いたコメントを寄せています。「景気刺激の新手法を編み出す先駆者的存在である日銀」（ロイター、2018年4月26日）。これは当然皮肉が隠し味になっています。実効性のないアイディアだらけということでしょう。

●黒田・日銀総裁とドラギ・ECB総裁のマジックの腕比べ

さらに黒田総裁のパーソナリティの強烈さを伝えるべく、ドラギ・ECB総裁と比較します。ドラギ・マジックは有名ですが、黒田魔術も結構、サプライズ性が高いのです。ドラギ総裁は2012年7月26日ロンドンで、後々にも語り継がれる、声明を出しました。「ECBの権限内で、ECBはユーロを保持するためには何でもやる用意がある」。ユーロ瓦解危機を解消させた声明です。

ところが世界のほとんどの報道は、「何でもやる」の部分だけを取り上げてしまったので、声明の中の「何でもやる」が独り歩きしてしまいました。当のドラギは、「何でもやる」は、あくまでも「ECBの権限内」の話であると報道陣へ5回も念を押していたのですが。

この「何でもやる」には、ECBによる国債の無制限購入計画が入っています。これが強烈なアナウンスメント効果を発揮します。ＥＣＢはこのプログラムで1ユーロの国債も買わずに、ユーロ瓦解危機を解消させました。これがいわゆるドラギ・マジックです。

しかしこのマジックの種明かしは簡単です。国債無制限購入には最初から限度が設定されています。このプログラムを適用される国は厳しい財政・構造改革の実行を迫られ、実質上、財政主権を喪失します。その場合、ソブリン危機に対応して設立されたユーロ共同基金のＥＳＭ(European Stability Mechanism)が国債買入の対象国（ソブリン危機の南欧諸国）の国債を発行市場（新発債）で購入し、ＥＣＢはこれに即応して流通市場（既発債）で国債（満期までの期限が3年以内の国債）を購入します。この場合の国債市場対策は、ＥＣＢでなくユーロ圏諸政府が主導します。ＥＳＭへの最大拠出国は財政規律を貫くドイツです。ドイツの意向が強く反映されます。ドラギ声明は欧州政府とＥＣＢの二人三脚の決意表明なのです。

国債無制限購入といっても、期限3年までの既発国債が対象なので、市中に出回る既発国債の一部にすぎません。しかもこのプログラムにおけるＥＣＢによる国債購入はＥＳＭによる新発債購入があって初めて実行されます。しかしＥＳＭに国債購入を依頼する国は実質上、財政主権を喪失します。実際、ＥＳＭの国債購入に応募する国はありませんでした。だからＥＣＢはこのプログラムで国債を1ユーロも購入しなくてすんだのです。これが国債無制限購入という報道の内実です。

ところが多くの報道は、このような事情も考慮せず、ＥＣＢによる国債無制限購入と囃したてました。先のドラギの、「何でもやる」と同じ類いの、前後の脈絡を見落とした報道です。ドラギは腹の中で大笑いしたことでしょう（〈米倉⑤〉76-77,96-101〈米倉⑦（上）〉38-39）。

図8　阿修羅の如く三面相化し変容した日銀QQE Ⅰ～Ⅲ

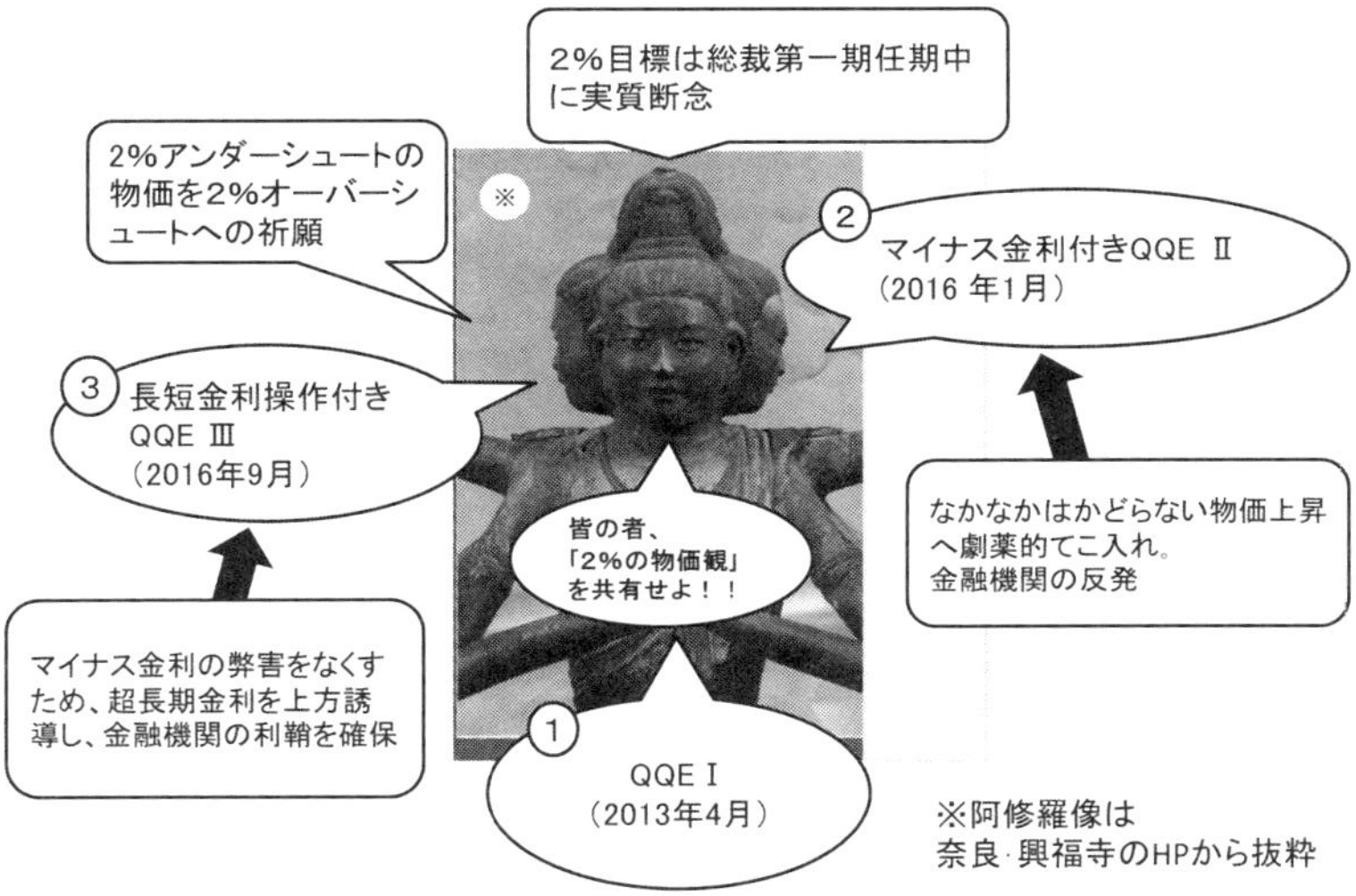

※阿修羅像は奈良·興福寺のHPから抜粋

イソップ寓話の金の斧の話ではないでしょうが、黒田総裁はおそらくこのドラギ・マジックを意識したのでしょう、2013年3月4日に、「デフレ脱却に向けてやれることは何でもやるという姿勢を明確に打ち出す」と発言しています。しかしすでに見た通り、「2倍」「2%」「2年」を束ねたQQEの〝トリプル2〟は2束3文に堕しました（図8）。これがドラギ・マジックと黒田魔術の競演の結果です。

もともと黒田総裁はサプライズ手法を好むタイプの方です。バズーカ砲あり、サプライズあり。実に賑やかです。第一弾は2013年4月のQQEの導入。第二弾は14年10月のQQE拡大（バズーカ砲）。第三弾は導入を否定していたはずのマイナス金利政策の導入（2016年1月）。いずれも市場の意表を突く作戦です。2015年10月の記者会見ではマイナス金利の導入を「検討していないし、近い将来考えが変わる可能性もない」と全面否定し、マイナス金利導入を決める1週間前の国会でも検討していないと答弁しています。否定され続けてきたはずのマイナス金利が突然導入されたので、市場は驚愕しました。しかもマイナス金利で期待された効果は超一時的なものに終わり、金利を下げたので円安になるはずが円高、株価も下落し、銀行の利ざやを圧迫し収益を押し下げるだけだったのです。むしろ市場はそれまでのQQEが限界に達したのでマイナス金利の導入に頼ったと受け取ったのです〈米倉⑦（上）〉40-2,44-5)。

このようにサプライズ戦法は高くつきます。一文字違うだけで明暗が分かれます。プライズ（prize）ならば絶賛ですが、プライス（price）なら代償です。ドラギ・マジックに対抗する黒田魔術も黒魔術と誤植されないよう注意が必要です。

第2節　異次元の金融緩和の超・異次元性

●同じ金融緩和でも日銀と米国Ｆｅｄの背景は全く異なる――日銀の異次元緩和の超異次元性①

黒田総裁は、ＦｅｄがＱＥを通じ長期金利のコントロールしているという例を挙げ、同じく長期金利をコントロールしようとする自行のＹＣＣの正統性を主張しています。しかし、両者は全く次元が異なります。日米の中央銀行の長期金利操作のターゲットが全く違います。日銀は物価引き上げ、一方、Ｆｅｄは２００８年の未曾有の金融危機で大きく下落した金融資産価格の引き上げが狙い。だからＦｅｄのほうはうまくいき、日銀はそうならないのです。

暴落した金融商品は景気が回復すれば価格はすぐに戻ります。Ｆｅｄの初期のＱＥはこの回復を促進するものです。金融資産を大量に買い上げて長期金利の低下を促せば、資産価格全体を押

図９　日銀と米国 Fed による実質金利の引き下げ手法の比較

実質金利＝名目金利　－　予想物価上昇率（インフレ期待率）

し上げできます。一方、日本の20年の宿年のデフレ現象は金融政策だけでは解消できないのです。

その点、もう少していねいに説明します。Ｆｅｄは金融危機が頂点に達した２００８年秋の翌年３月、第１次の量的緩和政策（ＱＥ１）に着手し、その後も数次にわたり量的緩和政策を遂行しました（２０１０年にＱＥ２、２０１１年にＱＥ３）。Ｆｅｄが不動産担保証券や社債を大量に購入すれば資産価格が上がり民間の買い意欲が出てきます。多くの投資家の需要も戻ってきます。長期金利が下がるので、住宅購入や投資が促進されます。さらに長期国債を購入すれば、市場では国債の供給が減り、国債利回りも低下します。このように米国の量的緩和は、信用コスト全般の引き下げを最終目標にしていたのです。同じ長期金利操作でもＦｅｄと日銀のそれでは大違いなのです。

面白いことに、黒田総裁と違いバーナンキ元Ｆｅｄ議長は、Ｆｅｄの量的緩和が日銀のそれと同一視されるのを嫌います。日本の量的緩和による資産購入プログラムはマネーサプライの増加を狙い、それに成功しなかった。他方、Ｆｅｄは長期国債と不動産担保証券の購入を長期金利引き下げの手段のためにしているというのです（〈Bernanke〉418,420,532）。日米中央銀行の操作対象そのものが違う点を明確にしています。

Ｆｅｄと比べても日銀によるデフレ脱却の手法にはもともと無理があり

ます。図9のとおり、日銀は名目金利ではなく、実質金利の引き下げをターゲットにしています。実質金利は、名目金利から予想物価上昇率を引いた数値ですが、日米中央銀行における実質金利の引き下げ手法は大きく違うのです。Ｆｅｄのターゲットは名目金利、日銀のターゲットは予想物価上昇率です。

　明らかに日銀のターゲットのほうが扱いにくい。米国の場合、インフレ率が２％前後なので、実質金利を下げるには名目金利の長期金利を操作すればよい。一方、日本銀行はそれができません。名目金利はすでに長期間、低いままです。てっとりばやく名目金利をゼロ以下にすれば、実質金利を下押しできるかもしれませんが、それには副作用もあり、とうていできない。実際にやってみても駄目だとわかったのが２０１６年1月のマイナス金利付ＱＱＥでした。だからこれからも予想物価上昇率（インフレ期待率）に働きかけるしかないのです。アメリカの中央銀行でもやろうとしていないことを必死にトライしているのが日銀のＱＱＥなのです。だから結果は初めからわかっていたのです。

　そもそも物価上昇２％を掲げながら、しかも財政赤字膨張に歯止めがかからない状態で長期間超低金利を維持するということ自体が無謀です。物価が上がっていけば金利も上がるのです。実際、２０１８年下旬の時点で物価が上昇している米国のＦｅｄは物価や賃金の上昇が過熱化しないよう、金利引き上げの方向に転じています。物価上昇が２％に全く達することがないまま、超金融緩和を続けようとする日銀とは大違いです（〈米倉⑧〉137-8）。

図１０　先進国中央銀行の債券保有状況（2016 年：%）

＊上段は債券ストックに、下段はＧＤＰに占める比率

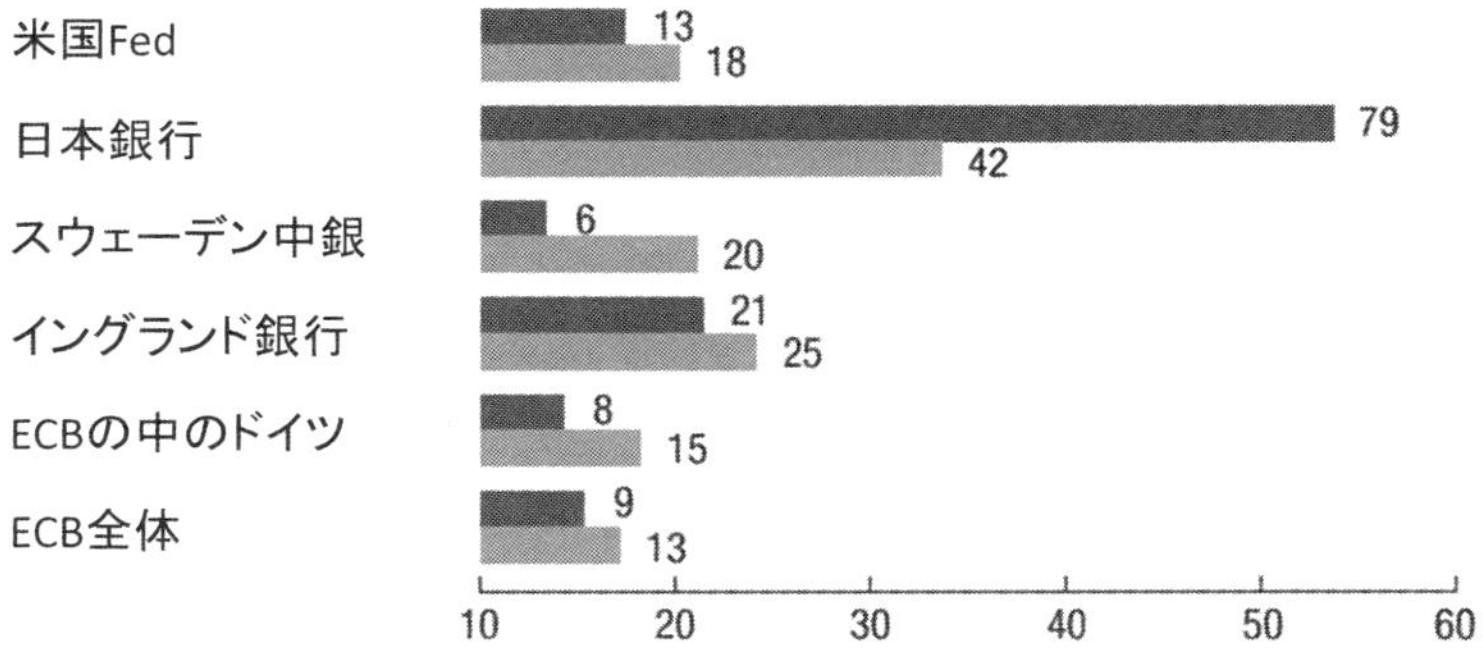

（出典）＜米倉⑦＞（下）図2より

●同じ金融緩和でも日銀は欧米よりも断トツの大規模なのに物価目標の達成度は断トツに低い

——日銀の異次元緩和の超異次元性②

日銀のＱＱＥの規模は他の先進国中央銀行のそれを圧倒しています。図7によれば、日銀が供給するマネタリーベースの対名目ＧＤＰ比は２０１６年で80％程度です。日銀はこの通貨供給規模を「欧米の4倍」と自画自賛し、「これがあと1年少し経つと１００％を超えていきます。」と解説してくれます（〈日本銀行①〉8）。図10を見ても、日銀のＱＥの規模の突出ぶりは際立っています。この図の横棒上段は債券ストック、下段はＧＤＰに占める比率です。ＥＣＢ、あるいはその中心のドイツと比較すれば、ますます日銀のＱＥの規模のすごさが確認できます。にもかかわらず、日銀はインフレ目標を全然、達成できていません。

たしかに物価目標未達の点ではＥＣＢも同じです。しかし両中央銀行の金融緩和策の根底には大きな違いがあります。まず第一に、規模が格段に違うこと。次に財政規律保持の姿勢の件です。まず第一の話です。

ＥＣＢのそれは日銀のＱＱＥの規模より格段に小さい（図7）。ＥＣＢあるいはドイツ連銀の保有総資産の対ＧＤＰ比率などでみても格段の差です（図10）。日銀の場合、財政赤字ファイナンスの方向に走っていますが、ユーロ圏には財政の弛緩に走りたい政府とそれを抑制しようとする政府が混在しており、しかも抑制派のドイツが最大経済国なので財政赤字ファイナンスにつながる恐れのある中央銀行による国債購入には歯止めがかかります。

なお付け加えれば、量的緩和でも名称も違います。同じマイナス金利の金融緩和政策をとっていたのに、ＥＣＢはＱＥ（Quantitative Easing）、日銀はＱＱＥ（Quantitative Qualitative Easing）と名称が違います。しかもＥＣＢはＱＥと呼ばれるのをあまり好んでいません。ＣＥ（Credit Easing）を使います。金融緩和を拡大したいＥＣＢとそれに反対するドイツ政府との対立が背後にあるためでしょう。

ＥＣＢの場合、国債購入が野放図にはならない仕組みになっています。ユーロ圏では中央銀行の「財政ファイナンス」が禁止されているのは当然として、国債購入の額は各国中央銀行のＥＣＢへの出資割合に基づいており、国債購入に伴うリスクは中央銀行間で分散されています。しかも出資割合の高い国（ドイツなど）は財政規律の強い国なので、ＥＣＢの国債保有はその分、リスクは少なくなるのです。

これと対照的に、日銀には政府の財政健全化の取り組みをプッシュする姿勢がみられません。ＥＣＢの場合、常に中央銀行が政府の財政赤字膨張をけん制する発言を繰り返し続けています。ドイツ連銀総裁ヴァイトマンがその典型です。イタリア人のＥＣＢ総裁ドラギは自国イタリアの財政赤字のひどさを念頭におきつつ、政府の赤字ファイナンスをカバーするのはＥＣＢの責務ではないと明言しています。イタリアが財政上、困難だからといって、ＱＥ縮小を思いとどまらせようとする政治的圧力には屈しません。これと対照的なのが日銀の黒田総裁です。財政持続性の堅持について、政府をプッシュしたりけん制したりする発言が報道されたことはほとんどないでしょう。

だから同じ量的緩和でも日本のそれは欧米のそれと大きな違いがあるのです。最後にその大きな違いを指摘しておきます。ＥＣＢのＱＥはユーロ圏の金融の逼迫対策、特に南欧諸国の不良債権問題を緩和するのが主な目的であり、不良債権問題を解決した日本のＱＥは限りなく禁じ手の財政ファイナンスに近づいていることです。

あと一つ、大きな違いがあります。欧米の中央銀行は金融緩和目的で株を買ったことはありません。物価への波及が見えづらいでしょう。２０１７年末までの5年間に日銀が保有するＥＴＦは17兆円と12倍（直近では24兆円）の増加であり、株式市場の日銀依存は深まるばかりです。そもそも日銀の株式買い入れは日銀法に定める業務の範囲外です。もともとは株価変動が金融システムを直撃するショックを緩和するための金融システム対策であり、金融政策ではありません（〈武田〉26）。民間のリスク資産を中央銀行に移転して、中央銀行がリスクを負担するというのは、金融システム安定化策ではありますが、金融政策ではないのです（〈武田〉28-29 頁）。

一大投資ファンドになった日銀による株式購入はその恩恵が富裕層や上場企業に偏り、株価が本来の企業価値を反映する機能を損ないます（日経 2018 年 4 月 3 日, 4 月 6 日, ブルームバーグ 2018 年 4 月 4 日）。株式購入の面でも、日銀の異次元緩和はますます超異次元の領域に踏み込んでいるわけです。

●財政出動による物価上昇の達成を言い始めた二期目の日銀総裁――日銀の異次元緩和の超異次元性③

たしかに当初、アベノミクスの3本の矢のうち第1の矢である「大胆な金融緩和」には円高是正、デフレの鎮静の効果がありました。しかしこれをアベノミクスの功績にしてよいのでしょうか？　円安は米国の金融政策（量的緩和）の変化を抜きに語れません。しかも、この6年間でトリプル2作戦は見事失敗してしまいます。16年にマイナス金利政策を導入したものの、金融業界の反発も強く、効果もないことが判明し、半年ほどで手直ししました。現在のYCCは債券の利回りが上がりすぎないよう、他方、下がりすぎないよう量的緩和を加減するものであり、重点は物価でなく金利調整にシフトしています。肝心の物価目標は達成にはほど遠いのです。

そのため、異次元の金融緩和は超異次元性はさらに露骨になっています。第二期目も黒田総裁は財政政策を加味した物価引き上げを言い出しています。物価2％目標の実現に不可欠なインフレ期待の押し上げは日銀だけではできない。政府による積極的な財政政策を求めるようになっています。日銀はそのために超低金利策を維持する。これでは財政赤字にはますます歯止めがかからなくなるばかりか、QQE当初の共同声明の主旨に反することになります。QQEは金融政策だけでなく財政政策の色彩を濃くしています。だからこの点でも異次元緩和は、超異次元の領域に入っているのです。

第3節　肝心の物価上昇の阻害要因に長らく気づかなかった日銀――QQE開始から3年後の2016年9月の「総括」で初めて物価阻害要因に言及

●物価予想形成上の「適合的（adaptive）」の要素を云々し始めたわけ

黒田総裁は2016年9月26日の大阪講演で面白い話をしています。この間の経験でわかったこととして、日本における予想物価上昇率の形成は、過去の実績に引きずられる傾向がほかの国に比べ強いという事情を挙げました。日本経済は長年、デフレを経験している。賃金も春闘の賃金交渉で「前年度の物価上昇率」が勘案される慣行がある。だから、物価上昇率が低下すると、賃金も抑制され、これに対応して予想物価上昇率も弱含みになる。これが総裁の強調する、物価予想形成上の「適合的（adaptive）」の要素の一例です。こうした事情から、日本の人々の物価観が根強く定着していたというのです。

総裁は大変なことを告白したことになります。総裁の説明を額面どおりに受け取れば、日銀は一般の人々が長年にわたり抱き続けてきた物価観なるものに気づきもしないで、ＱＱＥに着手したことになるからです。ようやく2016年9月の「総括」の時点に、この一般の人々の物価観をなんとかしなければ日銀自身の物価目標は達成できない、と考えるようになったわけです。もし気づいていたとしたら、〝トリプル2〟のラッパの号令で、「2％目標の早期実現のためにできることは何でもやる」決意のもと、ＱＱＥ着手当初から物価上昇への期待に消極的な人々の心理（「適合的な期待形成」）を大転換させる方策を打ち出していたはずです。実際のところ、〝トリプル2〟をぶち上げた時に、そのような話は何もありませんでした。

しかし「適合的な期待形成」なる用語（ターム）をひっぱり出してきても、物価２％上昇が達成できない言い訳にはできません。なぜなら、２０１６年9月以降、いくらこのタームに働きかけても、物価上昇は進まず、これまで6度も物価目標の達成時期を先送りし続け、最近はその達成時期まで引っ込めています。そもそも人々の物価観念を金融政策で払拭できるのでしょうか？金融政策の範囲外でしょう（〈米倉⑧〉128-9）。

国民に染みつくデフレマインドのため、予想物価が高まらない。賃金・物価が上がりにくいことを前提とした考え方や慣行や根強く残っているというのですが、金融政策がこの意識や慣行をどうやって払拭できるのでしょう。家計の値上げ許容度が高まれば価格引き上げ、中長期的な予想物価も徐々に高まるといっても、一体家計がほいほいと値上げを許容するのでしょうか？賃金はそれほど上がらないし、その上がらない賃金が物価やインフレ率の上昇で目減りすることに不安に感じるのが庶民の普通の感覚です。これで一体どうやって国民の間で予想物価が高まるというのでしょう。

そもそも賃金が上がりにくい労働市場。完全失業率の失業率が２％台になっても、賃金や物価が上がってこない。非正規雇用が増加して正規雇用者の賃金上昇圧力は相対的に弱くなっています。企業もなかなか製品を値上げできません。これらを一体どうやって金融政策で打開しようというのでしょう？　この点、前総裁（白川方明）による「日本経済が直面する問題の答えは金融政策にはないのは明らかだ」（10月22日の会見．日経2018年10月23日より）という指摘が妥当でしょう。**金融政策で物価上昇率や名目成長率を操作できるはずがない**のです。**日本経済の真の問題は政府の財政健全化のはず**です。２％の物価目標にこだわり続けて超金融緩和を推進した結果、日銀は

図１１　QQEが20年間続く場合の、国民貯蓄と政府の借金の実質価値の動き

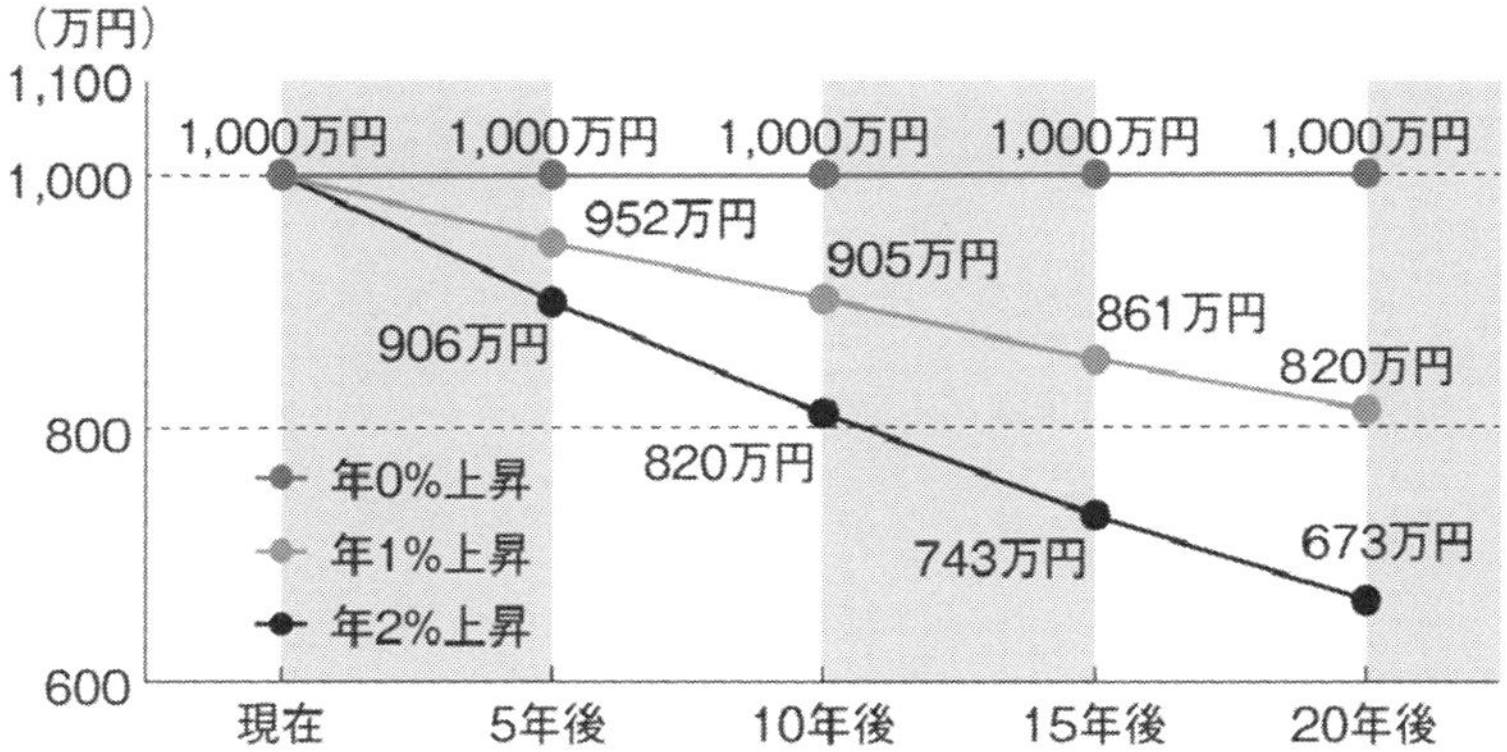

（出典）三菱UFJ信託銀行の資料より

国債を抱え込み、政府の財政規律の弛緩をほう助してきました。そのつけを一体をどうするのか、これが直近の大問題のはずです。

●超金融緩和で得するのは政府だけ

もともと超金融緩和だけで物価上昇を求めるのにも無理な話です。年収が２％も増えないまま物価だけが２％以上も上がり続ければ勤労者はたまったものではありません。低成長が定着した現在、企業が従業員の年収を２％以上に増やすのも並大抵ではありません。生産性や収益性のめざましい向上が必要です。こんなこと、金融政策だけでできるわけがありません。実際、ＱＱＥは給料２％上昇を目標に掲げていません（〈米倉⑧〉141）。

それでも、仮に、物価が年２％ずつ上昇し続けたとしましょう。その場合、政府だけが得をし、貯蓄者は確実に損します。物価が年２％、20年間上昇し続けた場合、国民が国債購入の形で貯蓄している１０００万円の価値がどうなるのか？　図11で一目

瞭然です。国民の貯蓄は4割弱減ります。政府は4割分、債務負担が軽くなります。インフレが進行すれば、債権者が損をし、債務者（この場合、国）が得をします。それがインフレ効果なのです（〈米倉⑧〉141）。

このような見方は筆者の偏見だといって済まされないでしょう。前イングランド銀行総裁キングも同じような予言を発しています。この元英国中央銀行総裁の見るところ、日本のアベノミクスは国債購入を増大させて大きなマネー創出に励んでいるが、本気の構造改革ができていない中、日本は増大する国債の負担を減らす唯一の方法としてインフレの道を歩んでいるようにみえるというのです（〈King〉363）。*The End of Alchemy*、すなわち『錬金術の終焉』の著者なので、日本の官製錬金術にも関心が深いのでしょうか？

●量的緩和をめぐる現行の日銀と前の日銀のちがい

現在の日銀と違い黒田体制以前の日銀は、量的緩和の規模を拡大すればデフレが解消できるという安易な手法を採用するのには慎重な姿勢でした。大規模な量的緩和で物価を上げられると考えていたならば、とっくにそれを実施していたはずです。そうしなかったのは、激烈な副作用を伴うからです。政府の安易な財政赤字の膨張を助長し、ひいては自身が禁じられているはずの財政ファイナンスに手を染め、その先にはインフレの昂進、通貨価値の信認喪失が待っているからです。これがQQE導入以前の本来の日銀の本音でしょう。

QQE導入により、日銀が内心恐れていた事態が進行しています。日銀は赤字国債の爆買いを強いられ、実質的な財政ファイナンスが格段に進行しています。しかもQQE本来の目標である

図12　ＱＱＥ導入以前に既に改善していた日本経済

「量的・質的金融緩和」導入後の金融経済動向

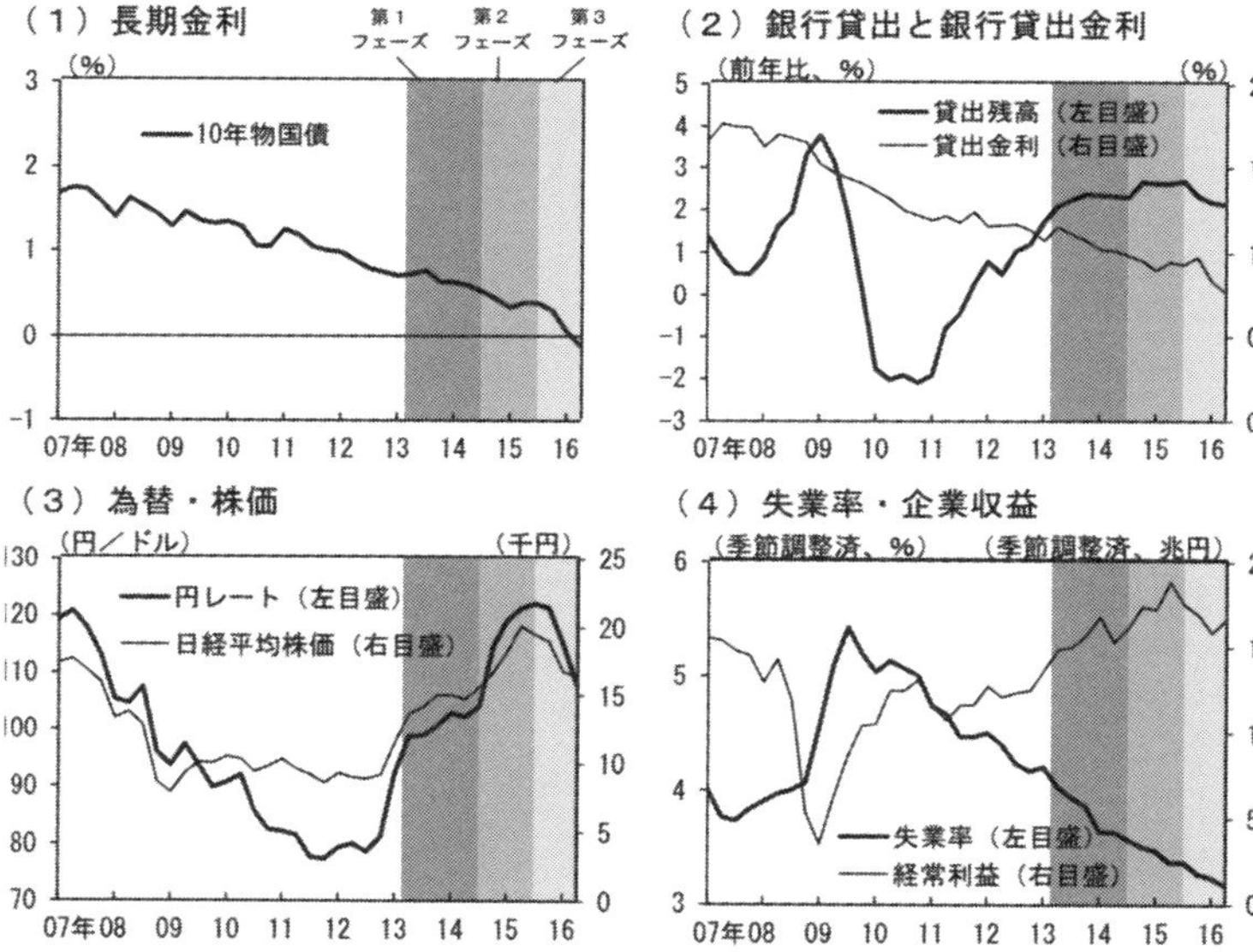

物価2%上昇はQQEが始まって6年も経とうとしているのに、まったく達成されていません。達成時期の目標も日銀はこっそりひっこめています（〈米倉⑧〉138-9）。そして金融機関の収益が圧迫され、金融仲介業務に支障が生じつつあります。

●実は金融緩和効果はQQE導入以前から、着実に進行していた

さらに、忘れてならないのは、日本経済の回復は日銀のQQEの導入以前から進行していたことです。これを日銀の資料（図12）から見てみましょう（〈日本銀行②のChartより〉）。まず、「長期金利」で言えば、10年物国債は2011年から低下傾向です。金利の下げ幅について言えば、QQ

E導入以前の07年から13年初めまでの下落幅は、導入以降の下落幅よりも大きいのです。「貸出残高」の増加については、10年半ばからの増加が顕著であり、QQE導入以降の13年初めよりも圧倒的に大きな伸びなのです。「為替・株価」も11年半ばから12年初めの底から急激に上昇し始め、導入以降それが加速されています。「失業率・企業収益」のうち、失業率は09年を少し過ぎてから急速に低下しはじめています。経常利益は09年初めから急速に回復しています。いわゆる3つの過剰（雇用、設備、借金）を急激に整理させていった日本企業の雇用者と被雇用者の汗と血と涙の苦痛の成果です。

以上いずれの経済指標で見ても、QQE導入以前の金融緩和で経済回復の効果がはっきりしているわけです。QQEという異次元緩和の導入効果がはっきり現れているのは、金利だけです。しかしこれはある意味当たり前のことです。異次元の金融緩和によりマネタリーベース拡大をどんどん推し進めていけば金利が下がらないわけがありません。しかし政府赤字膨張を手助けする副作用もつきまとったものです（〈米倉⑧〉123）。

また対外面でもQQEの当初は恵まれた状況にありました。なぜなら、Fedは2012年9月にQE3に踏み込み、先進国中央銀行の金融緩和を主導しており、日本が金融緩和を推進しても円安操作であるという批判をせず、むしろ賛同していたのです（〈米倉④〉42-7）。アベノミクスの成果は、前アベノミクスと一体化した成果だといいかえられます。それは官製金融錬金術の成果ではありません。三つの過剰（雇用、設備、借金）を急激に整理させていった日本企業の経営者、労働者の苦痛を抜きに語れない成果のはずなのです。

第4節　アベノミクスでますます暗くなる日本の財政の見通し

●日本の財政の暗い展望

デフレが解消すれば低金利も終わるはずです。すると政府は国債を低利発行できなくなり、十分な基礎的財政収支（ＰＢ）の黒字を確保しない限り、金利コストの重圧からいずれ財政は破綻します。そうなるまではポンジー・ファイナンス（ねずみ講）でごまかすしかありません。

高齢化社会の中で持続性のある財政に戻そうとすれば、社会保障財源として消費増税は不可欠のはずです。だからこそ、２０１２年の政権与党や野党の党派をこえた民主党、自民党、公明党の三党の間で「社会保障と税の一体改革」の合意に到ったのです。この三党合意をほごにしたのが安倍首相です。消費増税を2度も延期してきました。さすがに3度目の正直なのか、19年10月には消費増税を導入すると公約しています。ところが、その増税分は本来の社会保障財源だけでなく、幼児教育や保育の無償化にも回す考えのようです。肝心の社会保障の財源確保が怪しくなります。逆説的にいえば、これこそ「社会保障と税の一体改革」でしょう。

日本の消費税に相当する欧州の多くの国の付加価値税の税率は20％以上です。先進国の中で一番財赤字がひどい日本は8％なのです。もちろん政府は財政の持続可能性を保持すると主張します。中長期の基礎的財政収支の黒字化の達成時期を27年度としています（これも先送りの累積の結果）。しかしその中身をよく見ると、過去2年間の平均が1・4％だった名目成長率が長期的に3・5％になるのを当てにしたものです。このような高成長はバブル期から実現していません。極めて怪しい高めの成長期待＝税収増を当てにしている財政再建策なのです。積極的財政を続ける安倍政権は、経済再建なしには財政健全化などありえないとしていますが、財政再建を担保する経済成長率を過大に見積もっているのです。

意外に問題にされなくなりましたが、**安倍首相は２０１３年のＧ20サミットで基礎的財政収支を２０２０年に黒字化させると国際公約**していました。実際には目標達成が２０２５年に５年先送りされ、現在は２年後の２０２７年になっているのです。これではポンジー・ファイナンスと言われても仕方ないでしょう。

●先送り人のよき競演者の首相と日銀総裁――マカロニ・アベノミクスを誘発

安倍首相と黒田は先送り人のよき競演者ということでしょう。日本の財政指標はユーロ・ソブリン危機の主役だったイタリア、ギリシャよりも悪いのです。ギリシャでさえ、２０１５年からここ数年も基礎的財政収支は黒字化しています。イタリアも利払いをのぞけば、基礎的財政収支は黒字化しています（FT2018年3月6,8日,4月27日,日経2018年5月2日,10月28日）。

一方日本の企業は債務を減らしてきています。企業の債務は１９９０‐２０１０年の間に、ＧＤＰの１３９％から１０９％へ落ちています。これに対し、日本の国家債務（グロスレベル）ではＧＤＰの67％が２１５％へと増加。企業のレバレッジ解消の結果、日本の政府がレバレッジを高めているわけです（〈Turner〉80）。

しかし安倍政権には海外によいお友達ができました。２０１８年６月に発足したイタリアのポピュリスト政権です。この新政権は拡張的予算で国家債務を削減できると主張しています。経済再建なしには財政健全化などありえないと言うアベノミクス。イタリアではこれに向こうをはるマカロニ・アベノミクスが誕生したのです。イタリアの副首相はこの成長のレシピは全欧州に通用すると息巻いています。これまでの緊縮財政により、イタリア国民が債務の祭壇の生け贄にされ、その間に債務が増えたと主張しています。日本のリフレ派の主張とそっくりでしょう。

イタリアの新政権は来年の財政赤字目標を対国内総生産（ＧＤＰ）比２・４％に拡大させる方針です（２０１８年は１・８％）。前政権は19年予算の財政赤字を国内総生産（ＧＤＰ）比で０・８％に抑える計画でＥＵと合意していたはずです。当然、ＥＵ側は「イタリアは公然かつ意図的に過去の約束に逆らった」と批判しています。イタリアは政府債務残高のＧＤＰ比は１３０％に迫り（２０１８年の予想で日本２３６％、米国１０８％）、ＥＵ基準の60＆を大きく上回っているのに、さらに財政支出を増やすというのです（〈IMF〉7.table1.1 より）。

そもそもこの数十年、ユーロ圏の中でイタリアだけが経済成長から見放されていたのです。その経済成長率はユーロ導入以前から他のＥＵ平均よりも低く、２０００年代になるとさらその差が広がっていたのです（〈Gros〉,FT2018 年 3 月 8 日）。ＥＵは深刻な財政ルール違反をイタリアに警告していますが、実際上は聞き入れられる見込みがないようです（FT2018 年 11 月 5 日，6 日，日経 2018 年 10 月 23,24 日 ,25, ロイター 2018 年 11 月 2 日）。

●ゆるキャラの代表は日本政府――生煮えのマカロニとうどんにつけるタレなどない

21世紀版の日伊財政同盟の話は終えて、根本的な疑問に戻ります。急速に進む高齢化、労働力人口の減少の中、生産性の高い上昇が期待できるのでしょうか？　アベノミクスは生産性の向上には構造改革が不可欠であると強調していますが、構造改革という大仰な言葉が踊るわりには肝心の中身は不明のままです。せいぜい、規制緩和の別称にすぎないでしょう。

仮に、GDPが高成長するとすれば、長期金利も上がっていくはずです。完全雇用に近い状況で、経済成長率が加速すれば物価や金利水準が上昇するはずです。超金融緩和が金融の正常化の出口に向かい始めれば金利が上がります。実際、米国は完全雇用の状況にある2018年後半以降、長期金利は上昇傾向にあります。

すでに述べたとおり、3度目の正直として2019年10月に引き上げ予定の消費税分は社会保障財源とは別の財源にも回されます。イタリアのポピュリスト政権の先を行く日本が、社会保障財源が確保されないまま、歳出総額の3分の1を占める社会保障費を見直さないのであれば、いずれ市場は日本の財政の持続可能性を疑うようになります。その好い例がイタリアです。財政の信認が失われれば金利に上昇圧力がかかる。生煮えのマカロニがうどんになるだけです。

そもそも安定的金融政策は中央銀行と政府の二人三脚で成り立つものです。持続可能な財政構造が前提条件のはずです。QQEを開始するにあたり、政府・日銀の共同声明もそのようにうたっていました。実際にはアベノミクスの3本の矢では日銀の大規模な金融緩和の矢だけが突出しました。日銀は超低金利により国債を大量に購入し、政府の財政赤字を支える、「事実上の財政ファイナンス」の機関に変貌しています。緩み放しであった財政規律がさらに緩くなりました。財政上、日本政府もゆるキャラになったのです。

●財政の持続可能性の脆さを狙われやすい日本金融市場

日本の株式市場が外国人投資家にいいように操られているのは有名な話です。先物売りを仕掛け、値を崩す手法はしょっちゅう報道されています。日本の株式の30%を保有する外国人投資家の売買比率は60%、先物市場では70%程度だそうです。日銀が国債市場を官製統制しているといっても、その保有比率は4割程度です。外国人投資家が日本の金融市場を牛耳る力のほうがすごいのです。

ユーロ・ソブリン危機を思い出しましょう。政府の財政赤字や公的債務の膨張が止まないと市場が判断した場合、国債利回りは上昇し、調達コストが上昇し、遂には国債を発行できなくなり、国の財政が破綻しました。これがユーロ・ソブリン危機の現象です。金融市場は国の財政放漫が止まない場合、金利急騰でストライキを起こすのです。逆に言えば、これで財政再建を強制する劇薬にもなります。市場の気分の動向には常に注意が必要です。

市場による財政判断は10年物国債の利回りに現れます。長期金利は市場が決めるものです。中央銀行は短期金利を動かせるだけのはずです。日銀もこのように解説してきました。ところが日銀の異次元の金融緩和の場合、長期金利もコントロールできると言い出しました。何しろ異次元レベルで国債を爆買いし、自分のバランスシートに保持し続けているわけですからそのように主張するしかないでしょう。

●現在をデフレ経済と規定するのは誤り——デット・デフレーション論の元祖フィッシャー教授が説くデット・デフレの恐さとは全く違う現在のデフレ危機論

デット・デフレーション論で有名なフィッシャー教授。この人は、見出し検索のための索引カードの発明で莫大な富を得、純資産が800万ドルから1000万ドルの時もありましたが、1929年の株式市場の暴落でそのほとんどを失いました。株を自身の事業の担保にしていたのが災いしたのです。1947年4月に癌で亡くなった時、純資産はほぼゼロでした〈中略〉8-10,178)。

同教授のデット・デフレーション論は実に説得力があります。リーマン危機に到る2007-08年のレポ取引の恐さを的確に伝える内容なのです。この説が説得力にとむのは、教授自身、株を担保とした取引で全財産を失い、デット・デフレの怖さを誰よりも深く経験した持ち主だからです。

ここでフイッシャー教授は負債返済の「一大パラドクス」を紹介します。「債務者が返済すればするほど、債務者の負う負債はどんどん大きくなる」「個々人が自身の債務を減らそうとする努力そのものが彼らの債務の負担を増すのだ」というのです〈Fisher〉344)。借金はいくら返済しても増え続けるのが「一大パラドクス」だというのです。この主張だけではなかなかわかりにくいはずなので、教授の主張の関連箇所を、やや長くなりますが、引用してみます。

「負債が引き起こしたデフレは負債に跳ね返ってくる。すなわち、まだ払われていない負債1ドル毎にドル負債は大きくなり、もし最初に借りた過大な債務がとてつもなく大きすぎれば、その負債の整理は負債の返済が引き起こす物価下落に追いつかなくなる。その場合、負債返済は自己破滅的になる。背負い込んだ借金の額をいくら減らしても、背負い込んだドルの借金増加に追いつかなくなる」〈Fisher〉344)。

フィッシャーはこのデット・デフレにつきまとう「一大パラドクス」を、大恐慌の一大要因と呼んでいます。前の引用部分は、やや難解ですので、単刀直入な説明に置きかえます。それは、過剰に抱えた借金を減らそうとしても、借金して購入した資産価格が下落し続けると、借金の返済の負担は逆に増えてしまうということです（〈侘美〉614-5）。

これについては第3章で取りあげたレポ取引における貸した側、借りた側のそれぞれの恐怖を思い出してください。レポ取引で借金して購入した金融資産が下がり続ける限り、返済の原資もその分、価格下落が止みません。そして借金の担保や手持ちの資産が目減りすると、借りた側はますます返済能力が疑われるので、借り入れた金利も高騰し、ヘアカット率も跳ね上がります。借金は返済しなければ絶対に減らないし、短期借りの返済条件もきつくなる。しかも肝心の返済の支えとなる担保や自己の資産は急落している。そして短期間に支払い期日が迫り、ますます投げ売りに追いやられる。早く売らないとますます返済負担が高まる。だから借金をいくら返済しても、返済負担は増すのです。このいみでも、教授の「デット・デフレーション」論は「貨幣経済の動態を生き生きと分析した先駆的な業績」（〈牧野〉72）なのです。借金は返さなければならないということです。

ハイエクはその点をすでに1925年の時点に、次の通り、実に的確に指摘しています。「過去100年間の資本主義経済の発展は銀行の追加的信用の拡張が引き起こした〝強いられた貯蓄〟なしには不可能だったであろうことは疑問の余地はない」（〈Hayek〉21）。

借りたものは〝強いられた貯蓄〟で返済しなければならないのです。借りた金で運用した資産を投げ売りしてでも。ただ同然の金利で借りても返すときは元本と金利を返す。ただ同然で借りてもただでは返済はできないのです。

さてはたしてフィッシャー教授のデット・デフレーション論が現在の日本に当てはまるのでしょうか？　日本企業は多くの犠牲をはらいながら、三つの過剰（雇用、設備、借金）を整理し、現在に到っています。世界的な超金融緩和の中、債務が増加していますが、日本企業の手許資金は潤沢になっています。だからデット・デフレーション論を今の日本に当てはめようとしても無駄です。デット・デフレでないので、いくら金融緩和をしても物価は上がるわけがありません。資産価格が上がることはあっても、これに物価が連動するわけではありません。

●いよいよ見えてきたＱＱＥの隠された真意――物価上昇２％目標達成など本気で考えていない。考えているのは政府の借金を安価にさせることだけ

こうしてみると、いよいよＱＱＥの裏に隠れていた真の意図が浮かびあがります。物価目標が達成されようがされまいが、日銀はそれにおかまいなく国債を大量購入し続けさせられます。この限り、政府は財政赤字を膨張させても国債を安価に大量に発行し続けられます。これが現在の超金融緩和の本質です。たしかに当初はＱＱＥはデフレ解消のためと称して導入されました。しかし肝心の物価目標の達成時期は６度も先送り。最近ではその達成時期も引っ込めてしまっています。だから本気で考えていないということになります。

こうしてＱＱＥはいつの間にか、もっぱら政府の安価なる国債発行の受け皿に転じたのです。デフレ解消という衣の裏から、安価な財政赤字ファイナンスという鎧が見え見えです。政府は日

銀が超低金利を維持し続けなくては財政を組めません。歳出では医療費など社会保障費が3割強、国債の利払い費等の国債費が25％です。この二つの項目の抑制が不可欠のはずですが、イタリアのポピュリスト政権のお手本になる安倍政権では社会保障費には手をつけにくい。一方、国債費は国債の想定利払いを低いままにしておけばやりくりがつく。日銀が国債購入を増額しても、金利を低く抑えておけば国債費の増加が抑制されるのです。（日経2016年12月23日）。したがって日本の財政運営は日銀のQQEなくして成り立たないのです。QQEがいくら建前の物価上昇を大声で叫ぼうと、すぐに本音にかき消されるのです（〈米倉⑧〉139）。

しかしこれにはきついしっぺ返しが待ち構えています。ミイラとりがミイラになるとおり、デフレを解消を唱える政府自身がデット・デフレの罠にはまるからです。国の借金が縮小される見通しがたたなければ、市場はいずれ金利急騰の形でストライキを仕掛けます。国債の利回りが急騰し、経済も急降下すれば、国はいくら借金を返済しようとも、債務が増すだけです。国の財政も破綻します。もしこのような惨状をフィッシャー教授が目撃すれば、民間版に代わる国家版デット・デフレーションを着想するでしょう。

【むすび】
金融システム自体がオール・リーマン化――氷山の一角にすぎなかったリーマン

1．影の銀行が膨張して起きたステルス型の取り付け

本書が取り上げてきた**ステルス型の取り付け**は、投資銀行が組成するサブプライムローン証券化商品の取引に関わる金融機関（投資銀行、ヘッジファンド、保険会社、ＭＭＦ、そして商業銀行）に起きたものです。従来おなじみだった伝統的取り付けと違い、預金引き出し殺到は特に起きません。

最初に起きた取り付け騒ぎは２００７年８月のＢＮＰパリバ事件でした。次に投資銀行のベアー・スターンズ（08年3月）、そしてリーマン・ブラザーズ（同年9月）にレポ取り付けが起きます。このレポ取引の資金の取り手の相手には、商業銀行やＭＭＦなどの別の有力金融機関も含まれており、取り付けは影の銀行にとどまらず、銀行システムの中枢にも波及していたのです。実際、商業銀行もオフバランスの領域で投資銀行と同様の過大レバレッジ・過小資本で証券化業務を手広く行なっていました。しかもＣＤＳ取引などデリバティブを活用しており、ますます過大レバレッジ・過小資本の資金運用が膨張したのです。まさに伝統的銀行業務と影の銀行の絡みが強まっていたのです。

このような流れの中で、ステルス型の取り付けの土壌が育まれていました。そして伝統的銀行業務と影の銀行の相互関連の深まりを示すのが、信用の３Ｃの凶器だったのです。

ここで**信用の３C**を再度、確認しておきます。金融機関同士の繋がりが伝統的銀行業と影の銀行業の相互関連性が高まったこと（①connectedness）。だから一つの金融機関が躓くと他の金融機関も相次いでバランスシートが汚染されます（②contagion）。そして同類の金融機関、あるいは取引の深い金融機関も危ういと見做される相関性が強まります（③correlation）。これまでの世界的金融危機の中で「一番、複雑に入り交じり合った」ものがリーマン恐慌なのですが、21世紀版３Cのフィルターにかけるとその本質がつかみやすくなると本書が強調する理由がここにあります。

保険会社のＡＩＧも一種のレポ取引に深く関わっていました。自身の保険履行に関する保険もかけることなく。ＭＭＦもレポ取引の有力なカウンターパーティーでした。このＭＭＦに資金調達を依存していたのはノンバンクばかりでなく銀行（主に欧州の）であり、製造業のＧＥやＧＭなどのファイナンス部門でした。そしてＡＩＧとのＣＤＳ取引で保有資産をプロテクトしようとしていたのが一連の欧米の大銀行でした。だからリーマンという投資銀行がレポ取引で取り付けにあうとＭＭＦ、ＡＩＧ、ＣＰ市場へと取り付けの連鎖が拡がったのです。

まず最初にＭＭＦの元本割れ問題でＭＭＦに取り付けが起こり、このＭＭＦの資金に依存していたＣＰ市場も取り付けにあう。これでＡＩＧも資金調達できなくなる。ＣＤＳ保険を履行する資金もないＡＩＧが転ぶと、同社から資産価値の保証を受けていた世界の大銀行も転ぶ。リーマンと同様、他の投資銀行も取り付けにあいます。まさに信用の３Cが猛威をふるう玉突き現象です。

ノンバンクへの取り付けは銀行システムからみれば外縁の話のはずですが、実際にはローンの証券化、レポ取引に弾みをつける高レバリッジ、デリバティブ、オフバランス取引の三位一体を通じ、商業銀行とノンバンクは表裏一体で過大なリスクテークの資産運用に突っ走っており、銀行システムの決済の中枢を担う商業銀行もただですまなくなります。

銀行も本体、オフバランス機関のいずれも、レポ取引に関わり、ＭＭＦやＣＰ市場に深く依存して資金調達していたからです。このため、銀行自身からも資金が流出しますが、銀行にはこの資金流出に対応できる流動性はありません。銀行は短期資金を取り入れ長期で運用する機関です。だからお金が引き出されると資産の換金では間に合いません。危機の時には流動性が干上がっているからです。しかもその取り付けは預金保険の対象外の大口の資金をめぐるものです。預金保険が効かない資金なので、勢い引き出しも一挙に起こります。だからこそ、米国政府は預金保険外の金融機関に預けている大口資金でも債務保証に出たのです。こうして信用の３Ｃの浸透作用のもと、取り付けはノンバンクにとどまらず、金融システム本体に至ったのです。

いわば**金融システム自体がオール・リーマン化し、取り付けにあったのです。リーマンはその構造の中では氷山の一角にすぎない**のです。最終的にはアメリカの銀行システム自体が取り付けにあったのです。別の言い方をすれば、米国の銀行システムが大なり小なりリーマンのような状況であり、いつでも取り付けにあってもおかしくない状況だったのです。

2. オール・リーマン化していた金融システムにおいて、その氷山の一角リーマンを放置すれば氷山自体が崩壊する危機発生のメカニズムを把握していなかった米国の財務省、Ｆｅｄ——アメリカ・ファーストの米国に対し、ワールド・ファーストの日本

以上のような金融機関の連鎖関係があれば、リーマンが破綻すればどういうことになるのか？米国の財務省、Ｆｅｄはリーマン破綻の衝撃を過小評価していたようです。伝統的銀行と影の銀行の相互浸透が深まっていく現代の金融市場においては、金融機関は〝大きすぎてつぶせない〟から〝つながりすぎてつぶせない〟状況におかれるようになったのです。個々の資産リスクや金融機関の破綻は、伝統的商業銀行と影の銀行の相互連関の深まる中で市場が逼迫する時には巨大なシステミック・リスクを生み出す「自己組織化」の作用を助長します。まさに信用の３Ｃの神器ならぬ凶器そのものです。

いみじくも第一次の山一危機の時、当時の大蔵大臣、田中角栄は「証券恐慌は即金融恐慌につながるという確信を持って」おり、山一に対し、いわば無担保無制限の形で日銀特融を発動し、今でいえばリーマン破綻のようなシステミック・リスクの発現を未然に防いだのです。世間は血税を一私企業の救済に使う、この特融発動へ強く反対しましたが、システミック・リスク発現の恐れがある時は、あるいは金融危機で市場に流動性が枯渇する場合、**中央銀行には最後の貸し手としての役割が求められる**のです。

金融危機の時、中央銀行が危機にある貸出先に融資するのか否かの判断基準はたいへん難しいものです。融資がきちんと回収されるのかどうかはもちろん重要なのですが、危機の最中には融資回収の可能性があるのかどうか、あるいは担保が不足していないかどうか、その判断は難しいはずです。そもそも危機の最中には、担保の価値が激変するものですから。しかし判断に迷ってしまい、システミック・リスクを発生させてしまえば、元も子もありません。

したがって金融危機の時、破綻の縁にある金融機関に融資するか否かの判断基準は、融資回収の可能性よりも、金融システムの崩壊阻止のほうが優先されるはずです。**米国の金融当局はリーマンに対しては融資回収の可能性の有無を優先させてしまい、世界中に史上空前の金融危機を撒き散らしました。**

他方、日本は第二次の山一危機の時も金融システム崩壊阻止を優先させ、結果として山一からの資金回収は一部不能になりましたが、日本発の世界金融危機の発現を抑えることができました。金融システム危機が起きてしまった時の後始末と、その危機を抑えるために行なう緊急支援融資が一部回収不能となることを天びんにかけて適切な判断を下すことが求められるのです。

米国の場合、リーマンに880億ドルの担保付き融資を拒否したばかりに、リーマン恐慌を引き起こし、7兆ドルの公的資金を投入するはめになり（安物買いの銭失い）、世界中を混乱に陥れました。まさにアメリカ・ファーストのオリジナル版です。これに対し日本は中央銀行が損失を負いながらも、世界的混乱を回避させました。日本はワールド・ファーストだったのです。リーマン破綻と山一破綻（第一次、第二次いずれも）における日米の差がここにあります。金融危機の時の公的資金投入は税金の無駄遣いという議論が優勢になりますが、いざ危機が起こると公的資金投入やむなしに傾くのは資本主義の常でしょう。

3. 金融錬金術の無謀さを教訓化できていないアベノミクス

非常に気がかりなのは、平成の最後にさしかかっている日本の場合、金融錬金術ならぬ官製金融錬金術の実験が継続されていることです。薄い資本で過大な負債を積み上げて資産増殖を狙うのがいかに無謀で危険なことなのか？　それを教えてくれたのがリーマン・ショックのはずでしたが、残念ながら日本の政府・日銀にはその教訓が活かされていないようです。**日本の場合、民間の過大レバレッジが官に移し替えられただけ**のことだからです。

民間のデット・デフレは解消されているのに、政府・日銀はデフレ再発防止として超金融緩和を6年も継続させ、目標の物価上昇は未達のまま（達成時期も提示しなくなった）、財政赤字削減の展望を示せません。

民間、国を問わず、借金する場合は慎重でなければなりません。国や民間が発行する債券は英語ではbondです。つなぎとめる糊や絆（bondage）の意味もあります。国債も払わなければ絆の縛りから逃れられません。ドイツ語の債務Schuldには「罪」という意味もあります。倹約を美徳とし借金を嫌い、健全財政を好む国民性に相応しい言葉であり、見習いたいものです。

さもないとシティバンクの元頭取のチャック・プリンスが残した有名なる台詞のとおり、音楽が演奏されているかぎり、負債を重ねて「踊り続ける」しかありません。日本の財政も〝円のダンス〟なる踊りに夢中のようです。そのダンスの宴の裏では悪魔が笑っているかもしれません。

実際、**先進国の中で日本とイタリアは財政規律の弛緩が際立っています**。国家財政危機の信用不安から生じる新たなユーロ・ソブリン危機の最有力候補がイタリアですが、信用の3Cの世界なので、マカロニ・ソブリン危機がうどん・ソブリン危機を誘発するともかぎりません。イタリアの三色旗の真ん中の白地に日の丸が滲み出ないよう祈るばかりです。

略記一覧

ＡＢＣＰ（Asset backed commercial paper）資産担保コマーシャルペーパー
ＡＢＳ（Asset backed securities）資産担保証券
ＡＩＧ（American International Group）米国の世界的保険会社アメリカンインターナショナルグループ
ＢＩＳ（Bank for International Settlemens）国際決済銀行
３Ｃ（connectedness, contagion, correlation）金融機関同士のつながり、汚染、相関性の絡みのこと
ＣＤＯ（Collateralized Debt Obligation）貸出資産を何度も証券化してできる債務担保証券
ＣＤＳ（Credit Default Swap）債務不履行保険
ＣＰ（Commercial Paper）コマーシャルペーパー：企業が発行する短期社債
ＥＣＢ（European Central Bank）欧州中央銀行
ＥＳＦ（Exchange Stabilisation Fund）米国為替安定基金
ＥＳＭ（European Stability Mechanism）欧州安定基金：財政困難に陥っているユーロ圏諸国に、厳しい条件をつけて金融支援を行う欧州諸国の共同基金
ＦＤＩＣ（Federal Deposit Insurance Corporation）米国連邦預金保険公社
Ｆｅｄ（Federal Reserve System あるいは Federal Reserve Board）米国の中央銀行の連邦準備制度　あるいは連邦準備理事会の一括略記

ＦＳＡ（Finacila Service Agency）英国金融監督庁
ＦＴ：フィナンシャルタイムズ紙：Financial Times（London）
ＧＳＥ（Government - Sponsored Enterprise）米国政府がスポンサーになっている企業。本文では主に住宅金融公社の二つ
ＩＭＦ（International Monetary Fund）国際通貨基金
ＬＬＲ（Lender of Last Resort）中央銀行の最後の貸し手の機能
ＬＢＨＩ（Lehman Brothers Holdings Inc.）リーマン・ブラザーズ持株会社
ＬＢＩ（Lehman Brothers Inc. ）リーマン傘下のニューヨークのブローカー
ＬＢＩＥ（Lehman Brothers International Europe）リーマン傘下のロンドンのブローカー
ＭＭＦ（Money Market Fund）短期公社債ファンド
日経：日本経済新聞
ＰＢ（Primary Balance）基礎的財政収支
ＰＤＣＦ（Primary Dealer Credit Facility）Ｆｅｄによる投資銀行向け証券担保貸出便宜
ＱＥ（Quantitative Easing）先進諸国の中央銀行による量的金融緩和
ＱＱＥ（Quantitative Qualitative Easing）日本銀行がアベノミクスで始めた量的質的金融緩和
ＳＥＣ（Securities and Exchange Commission）米国証券取引委員会
ＴＡＲＰ（Troubled Assets Relief Program）金融機関救済のための公的資金投入プログラム
ＴＬＧＰ（Temporary Liquidity Guarantee Program）ＦＤＩＣによる金融機関債務保証プログラム

ＴＳＬＦ（Term Securities Lending Facility）Ｆｅｄによる投資銀行向けの財務省証券貸出便宜

ＹＣＣ（Yield Curve Control）日銀がＱＱＥの第二弾として２０１６年9月に導入された「長短金利操作（イールドカーブ・コントロール）付き量的・質的緩和政策」

図一覧

表一覧

———「黒田サプライズとドラギ・マジックの競演－似て非なる日銀・ECB のマイナス金利政策」(上)、(下) 外国為替貿易研究会『国際金融』1291 号、1292 号、2016 年 12 月、2017 年 1 月＜米倉⑦＞
———「日銀黒田●の暗夜航路－日本経済の海図なき曳航」、佐賀大学『佐賀大学経済学論集』第 49 巻第 4 号、2017 年 3 月＜米倉⑧＞
———「ユーロ統合性に逆ストレステストをかけたイタリア政局」『国際金融』1308 号、2018 年 5 月＜米倉⑨＞

量的・質的金融緩和」」、2016 年 9 月 21 日<日本銀行①>。
———(「量的・質的金融緩和」導入以降の経済・物価動向と政策効果についての総括的な検証【背景説明】<日本銀行②>
日本経済新聞社編『リーマン・ショック　5 年目の真実』日本経済新聞社、2014 年<日経>
平田喜彦『アメリカの銀行恐慌 (1929 ～ 33 年) －その過程と原因分析－』御茶の水書房、1969 年（<平田>
福光寛『戦略的デフォルト strategic default』成城大学「経済研究」第 193 号、2011 年 7 月<福光>
淵田康之『グローバル金融新秩序—G20 時代のルールを読み解く』日本経済新聞出版社、2009 年<淵田>
古内博行、「2007/08 年ドイツ金融恐慌の発生と新たな不況の到来」千葉大学『経済研究』第 24 巻第 1 号、2009 年 6 月<古内①>
———「欧州債務危機とドイツの試練」千葉大学『経済研究』第 28 巻第 1 号、2013 年 6 月<古内②>
———「ドイツ経済諮問委員会のユーロ銀行同盟観」千葉大学『経済研究』第 30 巻第 4 号、2016 年 3 月<古内③>
牧野裕「大恐慌と景気理論の系譜」『複合危機－ゆれるグローバル経済』日本経済評論社、2017 年、第 3 章所収<牧野>
米倉茂『サブプライムローンの真実－ 21 世紀方金融危機の「罪と罰」』創成社、2008 年<米倉①>
———『新型ドル恐慌　リーマン・ショックから学ぶべき教訓』彩流社、2009 年<米倉②>
———『すぐわかるユーロ危機の真相　どうなる日本の財政と円』言視舎、2012 年<米倉③>
———『Q&A　とことんわかる　アベノミクスと日本銀行』言視舎、2013 年<米倉④>
———『ユーロ銀行同盟の構図　その死角をストレステスト』文眞堂、2014 年<米倉⑤>
———「財政統合なき銀行同盟の欠陥構造－イタリアの不良債権問題は必然だった」毎日新聞週刊『エコノミスト』、2016 年 9 月 20 日号<米倉⑥>

橋下寿朗、日本経営史研究書、 極東書店、2011年（＜粕屋・伊藤・橋本＞
木下智博『金融危機と対峙する『最後の貸し手』中央銀行』勁草書房、2018年＜木下＞
草野厚『昭和40年5月28日―山一事件と日銀特融』1986年6月、日本経済新聞社＜草野＞
小立敬「シャドーバンキングの発展とその蓄積、日本のシャドーバンキング・セクター」金融庁金融研究センター、ディスカションペーパー、2013年6-7月Z＜小立＞
佐賀卓雄「リーマン・ブラザーズと連邦準備銀行：その破綻処理をめぐって」『証券レビュー第57巻第9号』、2017年9月25日＜佐賀①＞
―――「リーマン・ブラザーズ破綻の感染効果について」『月刊　資本市場』2018年4月号、No.392＜佐賀②＞
白川方明『中央銀行：セントラルバンカーの経験した39年』東洋経済新報社、2018年＜白川＞
侘美光彦『世界大恐慌－1929年恐慌の過程と原因』御茶の水書房、1994年＜侘美＞
武田哲夫「中央銀行と金融システムの安定」『拓殖大学論集』第5巻第3号、2003年3月＜武田＞
田中隆之『アメリカ連邦準備制度（ＦＲＳ）の金融政策』金融財政事情研究会、2014年＜田中＞
戸田壯一『アメリカにおける銀行危機と連邦預金保険制度』白桃書房、2014年＜戸田＞
中北徹「Fedが主導する中央銀行間のドルスワップ網―リーマン危機後の基軸通貨の新しい側面」外国為替貿易研究会『国際金融』1302号、2017年11月＜中北①＞
―――「中銀間通貨スワップ：その協定形成の背景を考える」外国為替貿易研究会『国際金融』1311号、2018年12月＜中北②＞
中島真志『外為決済とＣＬＳ銀行』東洋経済新報社、2016年＜中島＞
中路敬『アーヴィングフィッシャーの経済学』日本経済評論社、2002年＜中路＞
日本銀行、「目で見る 金融緩和の「総括的な検証」と「長短金利操作付き

the Global Economy, W. W. Norton & Company, Inc. , New York, 2016<King>
McDonald, O. , *Lehman Brothers: A Crisis of Value*, Manchester University Press, 2016<McDonald>
Paulson, Jr. H. M. , *On THE Brink: Inside the Race to Stop the Collapse of the Global Financial System*, Business Plus, New York, 2010<Paulson >

Scott, H. S. , *Connectedness and Contagion*, The MIT press, 2016<Scott >
Sorkin, A. R. , *TOO BIG TO FAIL: The Inside Story of How Wall Street and Washington Fought to Save the Finanical System - and Themselves*, Penguin Books, 2009<Sorkin >
Thornton, H. , *An Inquiry into the Nature and Effets of the Paper Credit of Great Britain*, (1802) ed. with an itroduction by F. A. v. Hayek. Repriting, London, 1939, Reprint ed1991, Augustus M. Kelley・Publishers< Thornton>
Turner, A. , *Between Debt and the Devil*, Princeton University Press, 2016<Turner>
Volker, P. , with Gyothen, *Changing Fortune*, Times Books, 1994, Times Books (a division of Random House, Inc), 1992<Volker>
Valukas Report: *Report of Anton R.Valukas*, Examiner, March11, 2010<Valukas>
Wessel, D (ed.). , *Central Banking After the Great Recession - Lessons Learned, Challenges Ahead*, Brookings Intstitution Press, Washington D. C. 2014<Wessel>

日本語文献（あいうえお順）
伊豆久『金融危機と中央銀行』九州大学出版会、2016 年＜伊豆＞
岩田規久男『金融危機の経済学』東洋経済新報社、2009 年（＜岩田①＞）
―――『日銀日記――五年間のデフレとの闘い』筑摩書房、2018（＜岩田②＞）
粕谷誠・伊藤修・橋本寿朗、『山一証券 100 年史』（上）、粕谷誠・伊藤修・

Darling, A. , *Back from the Brink,* Atlantic Books, 2012<Darling>

Financial Crisis Inquiry Commission, *The Financial Crisis Inquiry Report*, Washington, D.C; Governmet Printing Office, 2011<FCIC>

Fender, I. & Schneider, M. ,"The ABX: How do the Market Price Subprime Mortgage Risk"',BIS *Quarterly Review* September 2008<Fender & Schneider>

Fisher, I. , 1933, *The Debt - Deflation Theory of Great Depressions*, Econometrica 1, 1933<Fisher>

Foote, C. L. , Gerardi, K. S. , & Willen、P. S. , *Why Did So Many People Make So Many Ex Post Bad Decisions? The Cause of the Foreclosure Crisis* in Blinder, A. S. , Lo, A. W. , & . Solow, R. M. (eds) *Rethinking the Financial Crisis*, Russell Sage Foundation, New York, 2012<Foote, Gerardi & Willen>

Geithner, T. F. , *Stress Test - Reflections on Financial Crisis*, Random House, Large Print, 2014<Geithner>

Gordon, G. , *THE PANIC OF 2007*, NBER Woring Paper 14358, September 2008<Gordon>

Gordon, G. & Metrick, A. , *Securitized Banking and the Run on Repo*, Yale and NBER: November 13, 2009(<Gordon & Metrick>)

Dong He, "Emergency Liquidity Support Facilities", *IMF Working Paper* Wp/00/79 April 2000<Dong He>

Greenspan, A. , *The Age of Turbulence*, Penguin Press(Expanded edition), New York, 2008<Greenspan>

International Monetary Fund, *Fiscal Monitor: Capitalizing on Good Times*, April 2018<IMF>

Gros, D. , *Can Germany save Italy?*, Center for European Studies, 02 Dec. 2016<Gros>

Hayek, F. A. , *Money, Capital and Fluctuations:* Early Essays(1925), Loutlegde and Keagan Pauls, 1984<Hayek>

Kindleberger, C. P. , *Manias, Panics, and Crashes: A History of Financial Crisis*, New York : Basic Books, 1978<Kindleberger>

King, M. , *The End of Alchemy: Money, Banking and the Future of*

参照文献（典拠はすべて本文に略記）

英文文献（アルファベット順）

Bagehot, W. , *Lombard Street, A Description of the Money Market*, Arno Press, New York, 1978 reprint of the 1925 ed. published by Smith, Elder, London <Bagehot>

Ball, L. , *THE FED AND LEHMAN BROTHERS: Setting the Record Straight on a Finanical Disaster*, Cambridge University Press, 2018<Ball>

Bank of England, *Quarterly Bulletin* 2008 Q 1< B E①>

———2017 Q4, “Hedge funds and their prime brokers: developments since the financial crisis”< B E②>

———*Financial Stability Report*, June 2011<BE ③>

Bank for International Settlements, *87th Annual Report*, 1 April 2016 - 31 March 2017<BIS>

Bernanke, B. S. , *Some Reflections on the Crisis and the Policy Response* in Blinder, A. S. , Lo, A. W. & Solow, R. M. (eds), *Rethinking the Financial Crisis*, Russell Sage Foundation, New York, 2012 <Bernanke ①>

———*The Coursage To Act-A Momoir of a crisis and its aftermath*, W. W. Norton & Company, New York, 2015<Bernanke ②>

Betraut, C. C & Pounder, L. ,“The Financial Crisis and U.S.Cross-Border Financil Flows”, *Federal Reserve Bulletin*, Vol.95, November 2009<Betraut&Pounder>

Brown, G. , *Beyond the Crash: overcoming the first crisis of globalization*, Free Presss, New York 2010<Brown>

Carney、M. ,“True Finance – Ten years after the financial crisis” Speech given by Governor of the Bank of England、2018年10月19日、ニューヨーク講演 <Carney>

Cohen, B. & Remolona, E. , “The Unfolding Turmoil of 2007-2008: Lessons and Responses”, December 2008, *ADS Institute Working Paper* No.124<Cohen & Remolona>

米倉茂（よねくら・しげる）
経済学博士（東京大学）。1950年鹿児島生まれ。1983年 東京大学大学院経済学研究科博士課程単位取得退学。1987年 佐賀大学経済学部助教授、98年同学部教授。2016年3月佐賀大学定年退職、佐賀大学名誉教授。著書『新型ドル恐慌』（彩流社）『すぐわかるユーロ危機の真相』『Q＆Aとことんわかるアベノミクスと日本銀行』（言視舎）ほか多数。

装丁………佐々木正見
DTP制作………REN
編集協力………田中はるか

リーマン・ショック10年目の衝撃
史上空前の金融危機の全容と現在

発行日❖2019年3月31日　初版第1刷

著者
米倉茂

発行者
杉山尚次

発行所
株式会社言視舎
東京都千代田区富士見2-2-2　〒102-0071
電話03-3234-5997　FAX 03-3234-5957
https://www.s-pn.jp/

印刷・製本
中央精版印刷（株）

ISBN978-4-86565-140-9 C0033

言視舎刊行の関連書

【Q&A】
とことんわかる
アベノミクスと日本銀行

978-4-905369-59-2

Ｑ＆Ａ形式で難しいを簡単にする超入門書。大胆な金融緩和がなぜ必要なのか？ デフレ経済はなぜ怖いのか？ 日銀の独立性は問題ないのか……アベノミクスの本質を金融政策・中央銀行の役割を通じて初めて明らかにします。日本経済のすすむべき方向性もわかります。

米倉茂 編

四六判並製 定価 1400 円＋税

すぐわかる
ユーロ危機の真相
どうなる日本の財政と円

978-4-905369-31-8

第２次大戦後、先進諸国の国債が債務不履行の危機に直面するのは初めて。①ユーロ圏の国債バブル、②欧州銀行の不良資産問題、③ユーロ圏銀行のドル依存症、危機の原因を３つの側面から説明します。日本は大丈夫なのか？

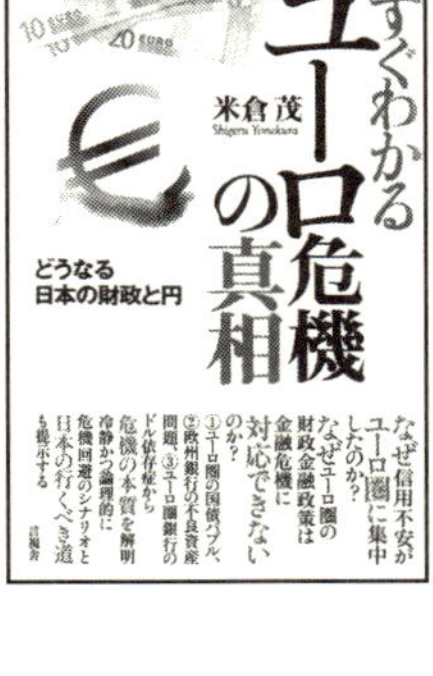

米倉茂 編

四六判並製 定価 1600 円＋税